로직아이 샘

펴내는 글 & 일러두기

로직 있는 아이를 위하여…

독서는 감동입니다. 감동은 집중력을 높여 줍니다. 어렸을 때 감동하면서 책을 읽은 아이들이 다른 일도 잘합니다.

독서는 핵심입니다. 핵심을 파악해야 발전합니다. 모든 사건에는 핵심이 있고 모든 일은 핵심을 중심으로 전개됩니다. 독서는 전체의 흐름과 핵심 파악에 도움을 줍니다.

독서는 꿈입니다. 독서는 꿈의 실현이 아니라 꿈을 꾸게 하는 다리입니다. 꿈을 꾸는 사람만이 꿈을 이룰 수 있습니다.

독서만이 미래이고 독서만이 희망입니다. 병들기 전에 병을 치료하는 일이 좋은 일이듯, 문제가 발생하지 않도록 하는 일이 중요합니다. 독서는 병들기 전에 치료하는 최고의 보약입니다.

〈로직아이〉는 모든 선생님과 학부모 그리고 대한민국 모든 아이들이 건강하고 행복하기를 기원합니다.

집필자들을 대신하여
(주) 로직아이 러닝교육원 원장 박우현

교재의 특징

▶ 이 교재는 오직 독서지도만을 위한 교재입니다. 그러나 이 교재의 사용은 자연스럽게 글쓰기 논술 실력도 늘게 합니다.
▶ 이 책에는 해당 책을 이용한 PSAT(공직 적격성 평가: 행정 고시, 기술 고시 1차 시험)와 LEET(사법 고시를 대신하는 법학 전문 대학원 입학시험 문제) 형식의 문제가 수록되어 있습니다. 아이들에게 대입 수능 시험 형식이나 고급 공무원 시험 형식에 대해 친근한 느낌을 갖게 할 것입니다.

교재 사용 방법

1. 이 교재를 사용하기 위해서는 반드시 가르치는 사람과 아이들은 해당 책을 읽어야 합니다. 그 후에 교재 속의 문제들을 풀면 그것만으로도 그 책을 다시 한번 읽는 셈이 됩니다.
2. 단계별로 구성되어 있기는 하지만 아이들의 성향이나 독서 능력에 따라 자유롭게 활용해도 무방합니다.
3. 각각의 교재는 6권의 책으로 구성되어 있지만, 그 순서는 교사나 학부모가 정할 수 있습니다. 아이들의 취향이나 선생님의 지도 방법에 따라 선택 지도할 수 있습니다.

〈감사의 말씀〉 이 교재 속에 수록된 텍스트와 이미지 사용을 허락해 준 모든 출판사에 감사드립니다.

목 차

마지막 거인
4쪽

나의 라임 오렌지나무
14쪽

봉주르, 뚜르
24쪽

완벽한 가족
34쪽

지구촌 아름다운 거래 탐구생활
44쪽

신라에서 온 아이
54쪽

마지막 거인

프랑수아 플라스 글·그림 | 윤정임 옮김
디자인하우스

영역 | 문학, 자연
주제 | 자연, 이기심

목표

1. 사람은 자연과 더불어 살아가야 하는 존재임을 알 수 있다.
2. 인간 중심주의가 자연에 피해를 준다는 사실을 알 수 있다.
3. 사람들의 단순한 호기심과 무지함이 자연에 어떤 결과를 가져오는지 알 수 있다.

줄거리

아치볼드 레오폴드 루트모어는 부두에서 이상한 그림이 조각되어 있는 아주 커다란 이[치아:齒牙]를 산다. 그런데 치아에 조각된 것은 그림이 아니라 지도였다. 주인공은 이 지도를 가지고 거인족의 나라를 찾아가기로 결심한다. 루트모어는 수십 명의 현지인들과 함께 과학적 장비를 갖추고 모험을 떠나지만, 여정이 진행될수록 사람들이 죽거나 도망쳐서 몇 명 남지 않는다. 결국 홀로 남은 주인공은 두려움과 피로감, 추위와 허기에 정신을 놓을 때쯤 거인의 발자국을 발견한다. 이 거인들은 자연 환경을 소중히 여기고 약속을 금과옥조처럼 여긴다. 루트모어는 거인들과 잘 지내다 문명사회로 돌아오지만 뜻하지 않은 결과를 맞이한다.

도서 선정 이유

많은 사람들이 인간의 호기심과 탐구심이 새로운 세상을 열었고 문명의 발달을 가져왔다고 이야기한다. 그러나 〈마지막 거인〉에 등장하는 거인들과 비교하면 사람들이 얼마나 이기적인지 알 수 있고, 사람이 환경을 중시하지 않는다는 사실을 알 수 있다. 이 책은 자연에 대한 새로운 시각을 갖게 한다.

1 『마지막 거인』에는 약간 생소한 단어들이 나옵니다. 풀이에 맞는 단어를 보기에서 찾아 써 보세요.

> **보기**
> 육분의 부식토 천체 망원경 난관 방책 사바나 오성 탈진 두개골
> 채집 지리학자 답파 호박 대상 회의 시련 상실 스텝

(1) 태양, 별, 달 따위를 수평선상의 각도를 재어 관측 지점의 위도·경도를 간단하게 구하는 데 쓰는 기구.

(2) 일을 하는 방법과 꾀.

(3) 동식물의 사체가 미생물에 의하여 분해된 물질이 20퍼센트 이상 섞인 흙.

(4) 몸의 기운이 다 빠져 없어짐.

(5) 아열대 지방에서 발달하는 초원. 키가 큰 볏과 식물로 이루어진 초원에 수목이 드문드문 나 있으며, 탁 트인 경관을 이룬다.

(6) 넘기기 어려운 일이나 고비.

(7) 나무가 자라지 않는 온대 초원 지대.

(8) 사람들이 다른 것에 대해 알 수 있는 능력 또는 생각할 수 있는 능력.

(9) 사막이나 초원 등지에서, 낙타나 말에 상품을 싣고 떼를 지어 먼 곳으로 다니면서 장사하는 상인.

(10) 험한 길이나 먼 길을 끝까지 걸어서 돌파함.

(11) 의심을 품거나 충분한 근거가 없어서 판단을 보류한 상태.

(12) 지질 시대 나무의 진 따위가 땅속에 묻혀서 탄소, 수소, 산소 따위와 화합하여 굳어진 누런색 광물.

(13) 지구의 표면에서 일어나는 자연과 인문 현상의 공간적 다양성과 이들 간의 상호 관련성, 주요 지역적 유형 따위를 연구하는 학자.

1 아치볼드 레오폴드 루트모어(이하 : 아치볼드)는 자신의 인생을 송두리째 바꾸어 놓을 여행을 떠납니다. 그 여행의 계기는 무엇이었나요?

2 이십 명 정도의 탐사단이었는데 많은 사람이 죽거나 도망가서 결국 아치볼드만 남습니다. 무슨 일이 일어났나요?

3 아치볼드가 발견한 거인의 흔적은 무엇이었나요?

4 몇몇 두개골에 기이한 돌덩이가 모자처럼 얹혀 있는 것을 보고 아치볼드는 어떤 생각을 하였나요?

5 거인들의 몸, 혀, 이에는 복잡한 점선들로 이루어진 금박 문신이 새겨져 있었습니다. 이 문신들은 어떤 모습을 하고 있었나요?

6 거인들의 목소리는 아치볼드에게 어떤 소리로 들렸나요?

7 아치볼드를 대상(隊商)에게 데려다준 거인은 누구누구였나요?

8 아치볼드가 거인 이야기를 담은 책을 출판하자 어떤 일들이 생겼나요?

9 아치볼드가 두 번째 원정단을 이끌고 도시에 도착한 도시에서 예기치 못한 놀라운 일이 발생했는데 그것은 무슨 일이었나요?

1 아래 문장에서 ㉠ '수많은 시련과 상실, 회의'가 말하는 것은 무엇일까요?

> "여기는 거인들의 묘지구나. 드디어 목적지에 도착했어!" ㉠<u>수많은 시련과 상실 그리고 회의</u> 끝에 마침내 전설이 되어 버린 미지의 나라에 도착한 것입니다.
> 　나는 신들의 축복을 받은 그날의 나머지 시간을, 이제 박차가 가해진 학문의 숭고한 임무에 바쳤습니다.
> 　　　　　　　　　　　　　　　　　　　　　　　　　　📄 본문 34쪽에서

2 다음 글의 ㉠은 누구를 뜻하나요?

> 　나는 거인들 중에서 가장 키가 큰 안탈라의 등을 장식하고 있는 아홉 명의 인간 형상들 사이로 열 번째 인물이 드러나기 시작하는 것을 알아보았습니다. 처음에는 불분명했다가 점차 뚜렷해진 ㉠<u>그 인물</u>은, 그들 가운데 가장 키가 작았고 실크해트를 쓰고 있었습니다.
> 　　　　　　　　　　　　　　　　　　　　　　　　　　📄 본문 46쪽에서

3 안탈라와 제올은 아치볼드와 헤어지면서 그에게 순금 몇 조각을 주었습니다. 수천 년 동안 잠들어 있던 거인들이 어떻게 사람들이 귀금속을 사용한다는 것을 알았을까요?

4 밑줄 친 ㉠이 뜻하는 내용은 무엇일까요?

> 이 모든 것을 재현해 내느라 내 수첩은 두 개밖에 남지 않았답니다! 그래서 글씨는 점점 촘촘하게 쓰고, 그림도 점점 더 작게 그려야 했지요. ㉠<u>내 수첩의 모든 페이지는 어느새 거인들의 피부를 닮아 갔습니다.</u>
>
> 📄 본문 44쪽에서

5 ㉠의 의미와 ㉡ 속에 숨은 뜻을 써 보세요.

> 나팔 소리와 북소리가 울려 퍼지는 가운데, 여섯 마리의 송아지가 끄는 마차에 실려 다가오는, 아름답고 숭고한 거인 안탈라의 머리가 보였습니다.
>
> ㉠<u>나는 갑자기 온갖 소란 속에서 분노와 공포와 고통에 사로잡혀 침묵에 빠져 들고 말았습니다.</u> 깊이를 모를 심연의 슬픔, 그 밑바닥에서 감미로운 목소리가, 아! 너무도 익숙한 그 목소리가 애절하게 말했습니다. ㉡<u>"침묵을 지킬 수는 없었니?"</u>
>
> 거인 친구들의 시체는 작살을 맞은 고래의 몸뚱어리처럼 거대하고 터무니없어 보였습니다. 그 주위로 사람들이 분주히 움직이고 있었습니다. 사이비 학자, 도적들, 온갖 종류의 협잡꾼들이었습니다.
>
> 📄 본문 74~76쪽에서

1 거인들과 오랜 기간 같이 지낸 아치볼드는 점점 무료해졌습니다. 거인들은 그러한 아치볼드 마음의 변화를 금세 알아채고 그를 인간 세상에 데려다주기로 결정했습니다. 이 결정은 옳은 결정일까요? 여러분의 생각을 말해 보세요.

2 아치볼드는 새로운 거인족을 발견하였고 거인족의 신화와 전설을 알았습니다. 만약 여러분이 아치볼드라면 거인족과 관련된 책을 출판하겠습니까?

3 이 책에서 가장 마음에 드는 문장이나 장면은 무엇인가요?

4 아치볼드는 거인들과의 묵언의 약속을 깨고 그들의 존재를 알렸습니다. 여러분이 재판관이라면 아치볼드에게 어떤 벌을 주겠습니까?

5 『마지막 거인』은 자연의 소중함을 이야기하고 있습니다. 어떤 점에서 자연의 소중함을 이야기하고 있다고 생각하나요?

6 『마지막 거인』에 나오는 마지막 거인은 현실적으로 무엇을 상징한다고 말할 수 있나요?

1 아래 글을 근거로 거인에 대해 알 수 있는 사실이 아닌 것은?

(가) 나는 별들과 천상의 물체들이 촘촘히 새겨진 제올의 피부에서 41개의 헬리 혜성을 발견했는데, 이것이야말로 제올이 3천 년 이상 살아 있었다는 사실을 인정하는 것이었지요! 그리고 손목에 나이테처럼 새겨진 줄무늬는 깨어 있던 시간과 수면 시간을 나타낸다는 사실을 알게 되었습니다. 그걸 계산해 보니 그들은 200년 동안에 겨우 3년 정도만 깨어 있었을 뿐, 거의 모든 시간을 수면으로 보내고 있었습니다. 본문 50쪽에서

(나) 그제야 난 그들 중 누구도 그림을 그릴 줄 모른다는 걸 깨달았습니다. 발바닥부터 머리 꼭대기까지 그들 몸 전체에 그려져 있는 그 그림들은 도대체 어떻게 생긴 것일까요? 나는 거인들 중에서 가장 키가 큰 안탈라의 등을 장식하고 있는 아홉 명의 인간 형상들 사이로 열 번 째 인물이 드러나기 시작하는 것을 알아보았습니다. 처음에는 불분명 했다가 점차 뚜렷해진 그 인물은, 그들 가운데 가장 키가 작았고 실크해트를 쓰고 있었습니다!

더구나 그들의 피부는 대기의 미세한 변화에도 반응하는 것처럼 보였습니다. 살랑거리는 미풍에도 몸을 떨었고, 금갈색 태양 빛에도 이글거렸으며, 호수의 표면처럼 일렁이다가, 폭풍 속 대양처럼 장엄하고 어두운 색조를 띠기도 했습니다. 본문 44~46쪽에서

(다) 그제야 왜 그들이 이따금씩 애처로운 눈길로 나를 바라보는지 깨달았습니다. 그들은 왜소한 내 체구보다도 말 못하는 내 피부를 더 가엾게 여겼습니다. 그들이 보기에 나라는 인간은 말이 없는 존재였던 것입니다! 본문 46쪽에서

① 거인들은 피부로 말을 한다.
② 거인들의 피부는 환경에 반응한다.
③ 안탈라와 제올은 간혹 사람들을 만났다.
④ 헬리 혜성은 70-80년 만에 한 번씩 지구에 온다.
⑤ 거인 제올은 200년 동안 197년 정도는 잠을 잤다.

2 ㉠의 근거로 적절한 문장은?

돌기둥은 믿을 수 없을 만큼 감미로운 목소리로 노래도 불렀습니다. 내 정신이 이 정도로 혼미해진 걸까? 꿈인가? 아니면 환영인가? 불안감이 가슴을 조여 왔습니다. 굳어 버린 입술에서는 말은커녕 비명 소리조차 나오지 않았습니다. 여윈 내 몸은 열에 들떠 덜덜 떨렸습니다. 뭔가가 내 몸을 공중으로 들어 올렸습니다. 문신투성이의 얼굴 네 개가 나를 뚫어져라 바라보고 있었습니다. ㉠ 나는 다시 기절해 버리고 말았습니다. 꽤 오랜 시간이 흐른 뒤 정신을 되찾았을 때는, 그 모든 악몽이 무어라 말할 수 없을 정도로 아름다운 꿈으로 변해 있었습니다. 그곳은 바로 살아 있는 거인들의 나라였습니다. 본문 38~40쪽에서

① 불안감이 가슴을 조여 왔기 때문에.
② 여윈 몸이 열에 들떠 덜덜 떨렸기 때문에.
③ 뭔가가 내 몸을 공중으로 들어 올렸기 때문에.
④ 그곳은 바로 살아 있는 거인들의 나라였기 때문에.
⑤ 문신투성이의 얼굴 네 개가 나를 뚫어져라 바라보고 있어서.

3 아래 글의 설명 방식으로 적절한 것은?

내 책은 1858년 8월 18일에 출간되었습니다. 모두 9권으로 구성되었지요. 처음 두 권은 타이탄, 키클롭스, 파타곤 등 거인족에 관련된 신화와 전설에 주석을 달아 완벽한 연구서로 다듬어 쓴 것이었습니다. 3권은 거인족들의 실존을 밝히는 수많은 증거와 여행담으로 꾸몄습니다. 4권과 5권은 내가 발견했던 거인족에 대한 보고서였습니다. 종족의 풍속과 관습을 자세히 설명하고, '삼천 개의 노랫말' 사전을 첨가하여 거인들의 음악 언어에 대한 이해를 도왔지요. 끝으로, 모두 4권으로 된 삽화집을 만들기 위해 영국 최고의 판화가들에게 도움을 청했고, 아주 신중한 감수를 거쳐 내가 그려 놓았던 데생을 정확하게 재현하도록 했습니다. 본문 64쪽에서

① 묘사　　② 열거　　③ 분석　　④ 대조　　⑤ 비교

나의 라임 오렌지나무

J.M. 바스콘셀로스 글 | 최수연 그림 | 동녘주니어

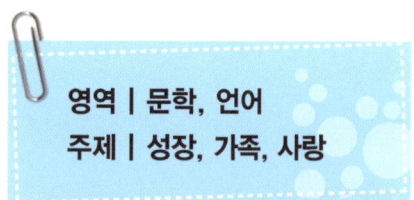

영역 | 문학, 언어
주제 | 성장, 가족, 사랑

1. 주인공의 성장 과정을 정리할 수 있다.
2. 사랑과 관심이 성장에 미치는 영향을 생각할 수 있다.
3. 인물의 성장을 통해 마음의 울림을 느낄 수 있다.

줄거리

제제네 집은 가난하다. 엄마와 누나들은 바쁘게 일을 해야 했기 때문에 제제와 동생 루이스를 보살펴 줄 수 없었다. 제제는 새로 이사한 집에서 라임 오렌지 나무, 밍기뉴를 만나 모든 일을 이야기해 준다. 제제는 말썽을 부리다 아빠에게 심하게 맞기도 하지만, 글로리아 누나만은 편이 되어 준다. 제제는 포르투갈 아저씨인 뽀르뚜가와 조건 없는 사랑을 주고 받으며 행복해 한다. 그러나 뽀르뚜가가 망가라치바에 치어 죽고, 밍기뉴가 성장하자 마음의 상처를 입는다. 일찍 철이 들어 버린 제제는 더 이상 상상도 하지 않는 아이가 된다.

도서 선정 이유

아이의 성장에는 가족과 주변 사람들의 사랑과 관심이 중요하다는 것을 깨닫게 해 준다. 다섯 살 제제는 말썽을 부릴 때도 있지만, 동생과 선생님, 아빠의 마음을 이해하는 따뜻한 마음을 가진 아이다. 그런 제제를 편견을 가지고 질책하며 혼내는 모습은 우리에게 안타까움을 느끼게 한다. 또한 제제와 뽀르뚜가의 만남을 통해 사랑과 이별을 배울 수 있다. 우리는 제제의 성장 과정을 통해 인생의 성장통에 대해 생각해 볼 수 있다.

1 다음 문장에 맞는 낱말을 〈보기〉에서 찾아 써 보세요.

> **보기**
>
> 설상가상 사족 조숙 백발백중 노심초사 금상첨화 희희낙락 일석이조 경멸

① 우리의 발걸음은 점점 더 느려졌다. 아무리 가도 시장은 나타나지 않았다. ☐ 으로 시간은 나는 듯이 흘러갔다.

② 그는 내가 나타나지 않아 틀림없이 ☐ 했을 것이다.

③ 나는 구슬 도둑이라 불릴 정도였다. ☐ 이어서 거의 날마다 학교에 가져갔던 것의 세 배가 넘는 구슬이 든 가방을 흔들며 돌아왔다.

④ 아빠가 손을 잠시 거두고 노래를 더 불러 보라고 소리쳤지만 난 부르지 않았다. 그 대신 ☐ 에 찬 목소리로 외쳤다. "살인자! 날 죽여라. 날 죽이고 감옥에나 가라."

⑤ 에두문두 아저씨는 ☐ 이란 어떤 일들이 정상적인 시기보다 먼저 일어나는 것이라고 말했다.

⑥ 난 이야기라면 ☐ 을 못썼다. 게다가 어려운 이야기라면 반쯤 미쳤다.

2 다음 문장을 읽고 문법에 맞는 낱말에 동그라미 해 보세요.

① 나는 아직도 (북받히는, 북받치는) 감정에 목이 메어 더듬거렸다.

② "이 나쁜 녀석아! 넌 여섯 달 된 아이를 (뱃속, 배속)에 넣고 다니는 게 얼마나 힘든 일인지 알기나 해?"

③ 나는 엉덩이를 만지며 침대에 (업드렸다, 엎드렸다).

④ "제제, 녀석의 배에 박치기를 해. 녀석은 (비곗살, 비계살)뿐이니까 물어뜯고 할퀴어 버려."

⑤ 그는 타다 남은 초들을 상 위에 (수북이, 수북히) 쌓아 두었다.

⑥ "뭘 좀 먹자. 그런데 그 돼지 같은 (꼬락써니, 꼬락서니)로 먹을 수는 없지."

⑦ 또또까 형과 나는 가방을 가로질러 (맸다, 멨다).

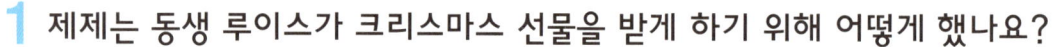

1 제제는 동생 루이스가 크리스마스 선물을 받게 하기 위해 어떻게 했나요?

2 제제는 크리스마스 날, "아빠가 가난뱅이라서 진짜 싫어."라고 말합니다. 그 말을 들은 아빠의 슬픈 표정을 본 제제는 용서를 빌기 위해 어떻게 했나요?

3 새로 이사 간 집에서 만난 제제의 나무는 어떤 나무였나요?

4 제제는 다섯 살에 학교에 들어갑니다. 학교에서 제제의 모습은 어떤가요?

5 제제는 구아바 열매를 따려다가 들켜서 도망치다 발에 유리 조각이 박힙니다. 그런 제제를 병원에 데려가 치료해 준 사람은 누구인가요?

6 제제가 잔디라 누나와 아빠에게 심하게 매를 맞았을 때 제제의 편이 되어 준 가족은 누구인가요?

7 마음의 상처를 입은 제제를 위로해 주던 뽀르뚜가는 제제를 위해 무엇을 해 주었나요?

8 수업을 듣던 제제가 갑자기 일어나 기차 건널목까지 뛰어간 이유는 무엇인가요?

9 제제가 의지했고 사랑했던 사람이 떠나자 병이 듭니다. 그런 제제를 가족과 주변 사람들은 어떻게 대했나요?

10 글로리아 누나가 침대에 누워 있는 제제에게 가져다준 흰 꽃은 어떤 꽃이었나요?

1 제제의 행동과 모습이 만나는 사람마다 다른 이유는 무엇일까요?

〈글로리아 누나〉
"오늘은 벌써 세 차례나 맞았단 말이야, 누나?"
"그래서 안 맞아도 될 걸 맞았단 말이야?"
"아니. 그래도 날 좋아하는 사람은 아무도 없어. 아무 일도 아닌 일에도 덮어놓고 때리기부터 한단 말이야."
　　　　　　　　　　　본문 171쪽에서

〈뽀르뚜가〉
"너는 나하고 있을 때 비단같이 부드럽고 착해. 네 선생님하고 있을 때도."
　　　　　　　　　　　본문 237쪽에서

〈악보 파는 아리오발두 아저씨〉
"제제, 넌 천사야!"
나는 손을 흔들어 보였다. 그리고 웃기 시작했다.
"천사요? 아저씨가 아직 저를 잘 몰라서 그래요."
　　　　　　　　　　　본문 145쪽에서

〈학교에서〉
나는 학교에서만은 천사였다. 한 번도 꾸지람을 들은 적이 없었다. 게다가 지금까지 나보다 더 조그만 애가 없었기 때문에 나는 모든 여선생님의 귀여움을 독차지했다.
　　　　　　　　　　　본문 167쪽에서

2 다음 등장인물들의 말과 행동은 제제가 성장하는 데 어떤 영향을 주었을까요?

작은 새 : "하느님께서 널 다른 애한테 보내 주실 거야. 그러면 너는 내게 그랬듯이 아름다운 노래를 부르겠지. 잘 가. 내 예쁜 작은 새야." 왠지 가슴이 허전해진 것 같았다.　　본문 105쪽에서

밍기뉴(슈르르까) – 밍기뉴는 내가 하는 모든 이야기를 귀담아들어 주었다.　　본문 156쪽에서

글로리아 누나 : 글로리아 누나는 계속 내 편을 들었다.
"아무튼 그 앤 아직 여섯 살도 안 됐잖아요. 장난이 좀 심하긴 해도 아직은 어린애라고요."
누나의 그런 말을 들으니 기분이 아주 좋아졌다.　　본문 175쪽에서

3 뽀르뚜가는 제제의 가족과 달리 제제를 사랑으로 대합니다. 제제는 그런 뽀르뚜가에 대해 어떤 감정을 갖고 있나요?

> "난 절대로 당신 곁을 떠나고 싶지 않아요. 당신도 알지요?"
> "왜?"
> "당신이 세상에서 가장 좋은 사람이니까요. 당신이랑 같이 있으면 아무도 저를 괴롭히지 않아요. 그리고 내 가슴속에 행복의 태양이 빛나는 것 같아요."
> "제가 좋아하는 사람은 당신밖에 없어요. 뽀르뚜가, 당신은 내 하나밖에 없는 친구예요. 저한테 딱지랑 음료수랑 케이크랑 구슬 같은 것을 사줘서 이러는 건 아니에요. 정말이에요."
> 그는 뒤로 조금 물러앉아 내 눈을 들여다보았다. 그리고 손등으로 내 눈물을 닦아 주었다.
> "난 널 무척 사랑한단다, 꼬마야. 네가 사랑하는 것보다 훨씬 더. 그러니까 자, 이젠 웃어 봐야지."
> 그의 고백으로 마음이 반쯤은 누그러졌다. 그래서 이내 웃음을 지어 보였다.
>
> 본문 202쪽, 232쪽, 234쪽에서

4 제제는 뽀르뚜가가 죽고 난 후, 오랜 시간 상심으로 앓아 눕습니다. 그리고 다시 일어났을 때 제제는 이전과 달리 어른이 된 것처럼 행동하고 말합니다. 제제가 너무 빨리 철이 든 이유는 무엇인가요?

나의 라임 오렌지나무 | 19

1 제제가 가족들에게 느끼는 감정이 어땠는지 하트로 표시하고 그렇게 생각한 이유를 써 보세요.

이유

아빠	♡♡♡♡♡	
엄마	♡♡♡♡♡	
글로리아 누나	♡♡♡♡♡	
잔디라 누나	♡♡♡♡♡	
또또까 형	♡♡♡♡♡	
루이스	♡♡♡♡♡	

2 여러분은 제제가 어떤 아이라고 생각하나요? 제제는 자신이 생각하는 것처럼 새끼 악마일까요?

* 난 왜 그런지 알아요. 쓸모없는 애라서 그래요. 너무 너무 못돼서 크리스마스에도 착한 아기 예수처럼 되지 못하고, 못된 새끼 악마가 됐어요.
* 나는 점점 더 수업에 재미를 붙였고 공부도 더 열심히 했다. 학교에서는 나를 욕하는 사람이 없었다. 그래서 글로리아 누나는 내가 서랍 속에 악마를 가둬 두고 딴 아이가 된 것 같다고 말했다.

📄 본문 229, 113쪽에서

3 다음은 제제가 쓴 편지의 일부입니다. 편지를 읽고 여러분의 생각을 표현해 보세요.

> 때로는 그리움 속에서 어린 시절이 계속되는 듯한 착각에 빠지곤 합니다. 언제라도 당신이 나타나셔서 제게 그림 딱지와 구슬을 주실 것만 같은 기분이 듭니다. 나의 사랑하는 뽀르뚜가, 제게 사랑을 가르쳐 주신 분은 바로 당신입니다. 지금은 제가 구슬과 그림 딱지를 나누어 주고 있습니다. 사랑 없는 삶이 무의미하다는 것을 알기 때문입니다. 그 시절, 우리들만의 그 시절에는 미처 몰랐습니다. 먼 옛날 한 바보 왕자가 계단 앞에 엎드려 눈물을 글썽이며 이렇게 물었다는 것을 말입니다. "왜 아이들은 철이 들어야만 하나요?"
> 사랑하는 뽀르뚜가, 저는 너무 일찍 철이 들었던 것 같습니다.

(1) 여러분은 아이들에게 사랑이 필요한 까닭이 무엇이라고 생각하나요?

___

(2) 여러분이 사랑받고 있다고 느낄 때는 언제이며, 그때의 마음은 어떤가요?

___

(3) 여러분은 아이들이 어떨 때 철이 든다고 생각하나요?

___

4 '나의 라임 오렌지 나무'를 읽고 기억에 남는 장면을 소개하고 그 장면에 대한 자신의 생각과 느낌을 표현해 보세요.

1 다음 글에서 제제가 느꼈을 감정이 <u>아닌</u> 것은?

> 박사와 포르투갈 사람이 하얀 시트가 깔린 진찰대 위에 나를 앉혔다. 박사가 수술 기구들을 잔뜩 들고 나타났다. 난 떨리기 시작했다. 그러나 포르투갈 사람이 가슴을 내 등에 대고서 두 손으로 내 어깨를 힘차고 따뜻하게 감싸 주자 더는 떨리지 않았다.
> "조금만 참아. 치료가 끝나면 음료수랑 케이크를 사 주마. 울지 않으면 영화배우 사진이 박힌 사탕도 사 주마."
> 그 말에 있는 용기를 다 내었다. 눈물이 났지만 박사가 하는 대로 가만히 내버려 두었다.
>
> 본문 181쪽에서

① 두려움　　② 떨림　　③ 따뜻함　　④ 슬픔　　⑤ 용기

2 다음 문장에 주로 사용된 표현법은?

> "나무는 몸 전체로 얘기해. 잎으로도 얘기하고 가지랑 뿌리로도 얘기해. 들어 볼래? 그럼 귀를 내 몸에 대어 봐. 내 심장이 뛰는 소리가 들릴 거야."
>
> 본문 47쪽에서

① 의인법　　② 은유법　　③ 직유법　　④ 반어법　　⑤ 역설법

3 ㉠의 근거로 적절하지 <u>않은</u> 것은?

> 나는 모든 것을 집 밖에서 배웠다. 집에서는 나 혼자 눈치껏 행동해야 했기 때문에 실수하기 일쑤였고 그 때문에 걸핏하면 ㉠ <u>매를 맞았다.</u> 얼마 전까지만 해도 나를 때리는 사람은 없었다. 하지만 내가 사고뭉치라는 것을 알아챘는지 누구나 나를 볼 때마다 망나니라느니, 나쁜 놈이라느니, 억센 털 러시아 고양이 같은 놈이라느니 하며 욕을 해 댔다. 이런 것들은 이제 생각도 하기 싫다.
>
> 본문 10쪽에서

① 욕을 해 댔다.　　　　　　　② 실수하기 일쑤였다.
③ 내가 사고뭉치였다.　　　　④ 나는 모든 것을 집 밖에서 배웠다.
⑤ 집에서는 나 혼자 눈치껏 행동해야 했다.

4 다음 글로 추론할 수 있는 사실은?

"아침에 일찍 일어나서 세르지뉴 집 정원으로 갔어요. 대문이 열려 있어서 재빨리 들어가 꽃을 하나 꺾었어요. 하지만 그곳엔 꽃이 엄청 많아서 표시도 나지 않아요."
"그래도 그렇지. 그건 옳은 일이 아니야. 더는 그런 짓을 하면 안 된다. 큰 도둑질이 아니라도 아무튼 도둑질은 도둑질이야."
"아니에요, 선생님. 안 그래요. 이 세상은 하느님 것이죠? 이 세상 모든 것이 하느님 거잖아요. 그러니까 꽃도 하느님 거예요."
내가 조리 있게 대꾸하자 선생님은 깜짝 놀랐다.
"선생님 그렇게 할 수밖에 없었어요. 우리 집에는 정원이 없어요. 꽃을 살리려면 돈이 들고요……. 그리고 전 선생님 병만 늘 비어 있는 것이 마음 아팠어요."

본문 116~117쪽에서

① 선생님은 '나'를 사랑한다.
② '나'는 마음의 병을 가지고 있다.
③ 하느님은 모든 꽃을 가지고 있다.
④ '나'는 선생님 꽃병에 꽃을 꽂았다.
⑤ '나'는 세르지뉴 집 정원에서 꽃을 꺾었다.

5 다음 글의 제목으로 적절한 것은?

다행히도 루이스는 지금 동물원 놀이를 하고 싶어했다.
우리는 낡은 닭장 근처로 갔다. 닭장 속에는 땅을 파고 있는 흰 암탉 두 마리와 너무 순해서 우리가 볏을 만져도 가만히 있는 검은 암탉 한 마리가 있었다.
"입장권부터 사자. 내 손 꼭 잡아. 사람들이 많아서 길을 잃을지도 모른단 말이야. 일요일이라서 사람이 정말 많다. 그렇지?" 〈중략〉
나는 누런 아프리카 암사자 두 마리를 가리켰다. 그때 동생이 검은 표범의 머리를 쓰다듬으려 했다.
"무슨 짓이야. 꼬맹아? 그 검은 표범은 이 동물원에서 가장 사나운 놈이야. 그 녀석은 서커스단에서 조련사의 팔을 열여덟 개나 뜯어먹어서 여기로 보내진 거란 말이야."

본문 32~35쪽에서

① 나의 동물 사랑
② 나의 정글 탐험
③ 사라진 검은 표범
④ 나의 상상 속 동물원
⑤ 내가 생각하는 아마존 정글

봉주르, 뚜르

한윤섭 글 | 김진화 그림 | 문학동네

영역 | 사회
주제 | 분단으로 인한 아픔

목표

1. 분단 체제에 대해 알 수 있다.
2. 통일의 필요성에 대해 생각해 볼 수 있다.
3. 진정한 우정에 대해 생각해 볼 수 있다.

줄거리

프랑스라는 이국땅에서 의문의 한글 낙서를 발견한 봉주는 시간이 지날수록 호기심이 깊어진다. 누구나 쉽게 할 수 있는 말이 아니어서 봉주의 가슴은 더 두근거린다. 혹시 전에 살던 사람이 한국인이 아닐까 하는 생각에 집주인인 듀랑 할아버지를 만나기도 한다. 하지만 봉주네 집에서는 한 번도 한국인이 살았던 적이 없다는 말을 듣는다. 봉주는 여러 가설을 세워 보지만 비밀의 열쇠는 쉽게 찾을 수가 없다.

도서 선정 이유

현재 세계에서 유일한 분단국가인 남·북한의 현실을 아이의 눈으로 볼 수 있다. 남북 분단이 우정에도 영향을 미칠 수 있다는 사실을 다른 어린이들을 통해 간접적으로 경험할 수 있다.

> 우리의 소원 – 안석주 작사 / 안병원 작곡
>
> 우리의 소원은 통일 꿈에도 소원은 통일
> 이 정성 다해서 통일 통일을 이루자
> 이 겨레 살리는 통일 이 나라 살리는 통일
> 통일이여 어서 오라 통일이여 오라

1 우리나라는 세계에서 유일한 분단국가입니다. 위 노래는 통일을 염원하는 노래입니다. 통일이 되면 좋은 점과 불편한 점을 말해 보세요.

좋은 점

불편한 점

----

2 왼쪽 단어에 어울리는 표현을 골라 줄로 연결해 보세요.

분단	나누어진 것들을 합쳐서 하나의 완전한 것으로 만듦
통일	끊어서 동강을 냄
겨레	같은 지역에서 오랫동안 공동생활을 함으로써 언어나 풍습 등 문화 내용을 함께하는 사람들
조국	조상 때부터 살아온 나라, 자기가 태어난 나라
이국땅	한 조상의 피를 이어받은 자손들
민족	자신의 나라가 아닌 남의 나라 땅
국가	국민이 주권을 가지고 거주하는 일정한 영토 또는 국민, 영토, 주권의 총체

책을 다시 읽는 아이들

1 봉주는 왜 기억에도 없는 한강이 세느 강이나 루아르 강보다 좋다고 했나요?

2 봉주가 프랑스에 살면서 머리를 노란색이나 다른 색으로 염색한 동양인을 좋아하지 않는 이유는 무엇인가요?

3 봉주가 토시보다 수영이나 발표를 잘하고 싶어 한 까닭은 무엇인가요?

4 준원의 말처럼 그냥 낙서일 수도 있는 일을 봉주는 왜 궁금해했을까요?

5 듀랑 할아버지는 봉주네 집에 살았던 사람들의 국적이 어디였다고 말했나요?

6 토시가 공원에서 "걱정할 것 없어."라고 말했을 때 봉주가 깜짝 놀란 이유는 무엇인가요?

7 토시가 학교에 결석한 진짜 이유는 무엇이었나요?

8 토시의 국적은 어디이며 조국은 어디인가요?

9 봉주가 추적해 가던 낙서의 주인공은 누구였나요?

10 봉주가 토시와 헤어질 때 선물한 것은 무엇이었나요?

1 등장인물의 성격을 말해 보세요.

봉주	
준원	호기심이 많다. 사교적이다.
토시	
봉주 엄마	여리고 감수성이 풍부하고 논리적인 면도 있다.
듀랑 할아버지	
디디에	

2 "사랑하는 나의 조국, 사랑하는 나의 가족. 살아야 한다."라는 낙서의 의미는 무엇일까요?

3 토시는 봉주에게 '너한테는 꼭 편지를 써야 할 것 같았어.'라고 했어요. 토시가 봉주에게 편지를 꼭 쓰고 싶어 한 이유를 말해 보세요.

> 갑자기 뚜르를 떠나게 됐어.
> 그래서 아무한테도 인사를 못 한 거야.
> 하지만 너한테는 꼭 편지를 써야 할 것 같았어.
> 네가 나 때문에 괜한 걱정을 할 수도 있다는
> 생각이 들었거든.

4 봉주의 가슴이 두근거린 경우가 몇 번 있었습니다. 그 이유는 무엇 때문이었을까요?

책을 내 것으로 만드는 아이들

1 여러분은 우리나라 국민으로서 한국인이라는 자부심을 느껴본 적이 있나요?

2 지란지교(芝蘭之交)란 지초(芝草)와 난초 같은 향기로운 사귐이라는 뜻으로 벗 사이의 맑고도 높은 사귐을 이르는 한자 성어입니다. 여러분이 생각하는 참 좋은 친구란 어떤 친구인가요?

3 만약 여러분이 다른 나라에서 북한 어린이들을 만난다면 어떻게 대하겠습니까?

4 만약 통일이 되어야 한다면 어떤 식으로 통일되기를 바라나요?

5 여러분은 통일이 되면 가장 먼저 무엇을 하고 싶은가요?

1 ㉠의 이유로 적절한 것은?

　낡은 책상 옆면에 적혀 있는 희미한 낙서를 발견했다. 정면에서 볼 때는 글자들을 잘 알아볼 수 없었지만 고개를 비스듬히 돌리자 눈에 선명하게 들어왔다.
　㉠ 글자들이 눈에 들어온 순간 가슴이 두근거리기 시작했다.
　그냥 지나치려 했던 그 낙서는 아주 낯익은 글자들이었다. 좀 더 가까이 다가가 적혀 있는 글자들을 천천히 읽기 시작했다.
　"사랑하는 나의 조국, 사랑하는 나의 가족"
　분명 한글이었다. 몇 번이나 글자를 다시 읽었다.

본문 13~14쪽에서

① 낯선 글자라서
② 글자가 선명해서
③ 희미한 낙서라서
④ 글자들이 한글이어서
⑤ 글자의 의미를 알게 되어서

2 다음 글의 제목으로 적절한 것은?

　일주일 동안 나는 수백 번쯤 후회를 했다. 책상 낙서의 주인을 찾으려 한 것, 준원과 함께 듀랑 할아버지를 찾아갔던 것, 몰래 토시의 사진을 찍었던 것, 아랍 아저씨네 가게에 갔던 것, 자포네에서 토시에게 한국어로 말했던 것 등 토시와 연관된 모든 내 행동들을 후회했다. 그냥 일본인 토시로 알고 지냈다면 토시가 계속 학교에 나왔을 거라는 생각을 지울 수가 없었다.
　그런 죄책감 속에서 토시를 조금 원망하기도 했다. 그냥 처음부터 한국어를 아는 일본인이라고 하거나, 끝까지 한국어를 모른다고 했으면 될 것을 굳이 나를 찾아와 이런 일을 만든 것이다. 하지만 이런 생각도 내 속에 있는 죄책감을 다 없애 주지 못했다.

본문 206쪽에서

① 나의 과거
② 낙서의 주인
③ 나의 죄책감
④ 한국인과 한국어
⑤ 토시에 대한 원망

아·이·들·을·위·한·P·S·A·T·와·L·E·E·T

3 ㉠을 설득력 있게 만들어 주는 근거로서 적절하지 않은 것은?

"현재 내 국적은 일본이야. 하지만 ㉠ 난 그래도 공화국 사람이야. 공화국에서 태어났고 우리 부모님이 공화국 사람이기 때문이야. 네가 한국인인 것처럼. 난 내가 일본인이라고 생각한 적이 한 번도 없어. 네가 프랑스에서 남한 사람이라고 생각하며 사는 것과 똑같아. 내가 일본 국적을 갖게 된 건 부모님이 일본에서 공화국을 위해 일을 해야 했기 때문이야. 당연한 거지. 우린 공화국 사람들이니까."

본문 186쪽에서

① 공화국에서 태어났다.
② 부모님이 공화국 사람이다.
③ 난 내가 일본인이라고 생각한 적이 한 번도 없다.
④ 부모님이 일본에서 공화국을 위해 일을 해야 했다.
⑤ 네가 프랑스에서 남한 사람이라고 생각하며 사는 것과 똑같다.

완벽한 가족

로드리고 무뇨스 아비아 글 | 오윤화 그림
남진희 옮김 | 다림

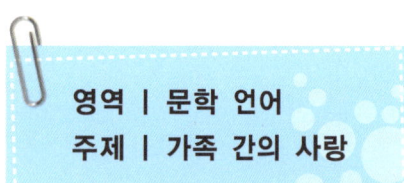

영역 | 문학 언어
주제 | 가족 간의 사랑

1. 누구나 결점이 있기 마련이라는 것을 알 수 있다.
2. 완벽함을 추구하는 것이 좋은 것만은 아니라는 것을 알 수 있다.
3. 가족은 서로의 결점을 감싸 줄 때 더욱 단단해진다는 것을 배울 수 있다.

줄거리

전문직을 가진 이해심 많은 부모님, 학교에서 언제나 1등만 하는 누나들, 가족 모두가 완벽한데, 낙제를 받은 알렉스는 이런 완벽한 가족이 싫어서 가족의 결점을 찾아내기로 한다. 하지만 알렉스 가족은 자신들의 결점을 가족에게까지 숨기고 고민하며 방황한다. 이런 가족들을 위해 알렉스는 대화의 자리를 마련하려고 노력한다. 결국 알렉스네 가족은 서로의 고민을 털어놓게 되고 더 이상 완벽함에 연연하지 않고 살기로 한다.

도서 선정 이유

최고만을 기억하는 사회에서 완벽함만을 추구하기보다는 모두가 조금씩 결점을 가지고 있음을 인정하는 것이 자연스럽고, 허점을 감추려 하기보다는 대화를 통해 해결하는 것이 더 좋다는 것을 배울 수 있다.

1 〈완벽한 가족〉은 스페인(에스파냐) 동화입니다. 스페인은 어디 있나요?

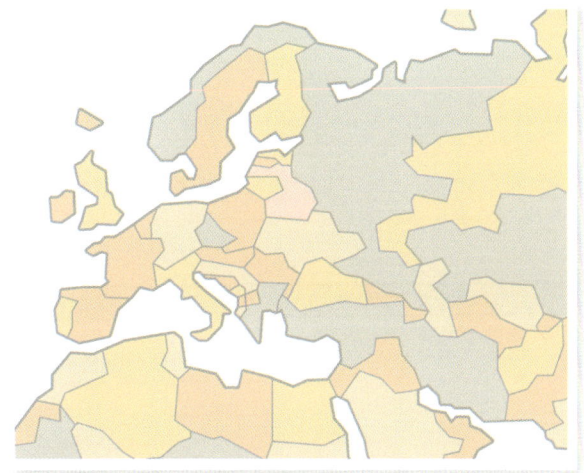

2 문장 속 단어의 뜻을 정확히 알고 그 뜻에 어울리는 짧은 글을 써 봅시다.

(1) 종종 완벽함은 가장 완벽하지 않은 것과 가까이 있기 마련이다.

(2) 우리 부모님은 결점이 없다.

(3) 언제나 세상을 달관한 사람처럼 이야기했다.

(4) 우리 가족을 염탐한 다음 나는 라파에게 다시는 절대로 스파이 노릇을 할 생각이 없다고 말했다.

(5) 다른 한편으로는 죄책감이 들지도 모른다.

(6) 선견지명이 있었던 덕분에 돈을 좀 가지고 나온 것은 정말 다행이었다.

1 알렉스의 단짝 이름은 무엇인가요?

2 알렉스가 나쁜 점수를 받아왔을 때 알렉스의 부모님은 어떤 반응을 보였나요?

3 어느 날 알렉스는 라파와 함께 가족들의 뒤를 미행하려고 합니다. 왜 그랬나요?

4 알렉스는 아버지 페가 직장인 대학교에 가지 않고 중간에 내려 카페에서 시간을 보내는 걸 보게 됩니다. 페는 왜 그랬나요?

5 유체 물리학자인 아빠 페가 주로 연구하는 것은 무엇인가요? 페가 하는 일을 알렉스 가족들은 어떻게 여기고 있나요?

6 알렉스는 가족의 결점을 찾아내기로 결정한 후에 우연히 누나들이 커닝 페이퍼를 만들고 있는 것을 보게 됩니다. 항상 영리하고 예쁘고 일등만 하던 누나들은 왜 커닝 페이퍼를 만들고 있었나요?

7 알렉스의 엄마는 왜 20년 동안 끊었던 담배를 다시 피웠을까요?

8 가족들의 불완전한 모습을 알게 된 알렉스는 가족들을 위로하기 위해 무언가 하려고 합니다. 그 일은 무엇이며 결과는 어떤가요?

알렉스가 하려고 했던 일 :

결과 :

9 알렉스는 책의 뒤에서 자신이 두 과목에서 낙제한 이유를 얘기합니다. 뭐라고 했나요?

1. 이 책에는 대조되는 두 가족이 나옵니다. 주인공 알렉스의 가족은 결점이 없는 완벽한 가족입니다. 알렉스의 가족이 어떤 사람들인지 알아봅시다.

등장인물	성격과 특징
아버지 페	물리학자. 집중력 있게 연구한다.
어머니 세타	
델리아와 실비아 누나	
알렉스	

2. 알렉스의 단짝인 라파네는 허점 투성이입니다. 라파네 가족은 어떤 사람들인지 알아봅시다.

등장인물	성격과 특징
아버지 후안미	
어머니 엔카르나	마음씨가 좋다.
피토 형	
라파	

3 힐러리는 에베레스트 산을 정복했고, 말로리는 정상 등반에는 실패했지만 존경받는 산악인으로 남아 있습니다. 이 책에서 '실패한 말로리'의 의미는 무엇일까요?

4 아빠 페는 새로운 변화를 시도하고자 정상의 자리를 박차고 나왔습니다. 페의 이런 행동을 이해하려면 무엇이 필요한가요?

5 알렉스가 사고를 일으킨 바람에 가족들은 그동안 숨겨 왔던 자신의 이야기를 털어놓게 됩니다. 라파네와도 가까워집니다. 완벽한 가족은 이제 어떤 모습으로 변할까요?

1 누나들은 커닝하다 들킨 사실이 기록된 편지에 부모님의 사인을 받아 가야 합니다. 누나들은 알렉스에게 부모님의 서명을 위조해 달라고 합니다. 여러분이라면 어떻게 했을까요?

2 완벽함을 추구하다가 실패나 실수를 자주 하면 어떻게 대처해야 할까요?

3 알렉스의 가족은 가족끼리도 늘 완전한 인상을 주려 하지요. 가족의 역할 중에 가장 중요한 역할은 무엇이라고 생각하나요?

4 하인즈 케첩과 코카콜라는 업계 최고 기업들입니다. 정상의 자리를 지키기 위해 하인즈는 다루기 쉬운 플라스틱 대신 처음 사용한 유리병을 끝까지 고집했고, 코카콜라는 입맛이 바뀌는 소비자의 기호를 좇아 전통적인 맛을 바꾸려 했습니다. 정상의 자리를 지키는 데는 어떤 방법이 더 바람직한지 여러분의 의견을 말해 보세요.

1 아래 글에 제목으로 가장 적절한 것은?

완벽한 사람이 되고, 모든 일을 완벽하게 처리하려고 노력하고, 이를 통해 승리를 거두는 것이 언제나 전부는 아니라는 것을 상기시키는 것도 나쁘지 않다. 더 중요한 뭔가가 있다.

예를 들어 페가 다니던 직장을 그만두는, 말로는 절대 설명할 수 없는 일도 있는 법이다. 혹은 세타가 거실 공간이 좁아지는 것을 감수하고서 또 다른 소파를 거실에 들여 놓을 수도 있지 않은가. 그리고 또 라파처럼 나와는 전혀 어울리지 않는 친구와 친해질 수도 있지 않은가. 델리아 누나와 실비아 누나가 다른 과목 시험은 잘 보고 역사에서 형편없는 점수를 받으면 어떤가.

본문 178쪽에서

① 완벽한 사람
② 완벽의 승리
③ 완벽이란 무엇인가
④ 완벽한 사람의 결점
⑤ 완벽보다 중요한 것

2 다음 글의 제목으로 적절한 것은?

비록 완벽한 사람은 아니었지만 말로리는 여전히 이 세상 그 누구보다도 가장 존경받는 산악인 중의 한 사람이다.

말로리는 독특한 성품을 가진 사람이었다. 에베레스트 산처럼 위대한 사람이 되고자 하는 불굴의 의지를 보여 주었다. 에베레스트 산에 맞서 열정적으로 싸웠다. 머리로 싸운 것이 아니라 가슴으로 싸웠다. 바로 이런 이유에서 몇 번씩이나 실패를 했는지도 모른다. 그러나 그의 산에 대한 열정은 뒤를 따른 후배들의 가슴에 새겨졌다. 말로리가 없었다면 등산이라는 스포츠는 지금과 다른 모습이었을지도 모른다. 말로리가 없었다면 힐러리의 등반도 불가능했을 것이다. 말로리가 우리에게 남긴 자취는 정말 강하고 깊은 것이다. 그야말로 위대한 자취를 남긴 것이다.

본문 177~178쪽에서

① 등산의 의미
② 성공과 실패
③ 실패의 원인
④ 가장 존경받는 산악인
⑤ 힐러리 정상 등정의 바탕

3 페에 대해 바르게 이해한 것은?

과학계에 종사하는 많은 사람들이 페가 갑자기 일을 그만 두려 한다는 것을 잘 알고 있었고, 이에 대해 많은 이야기가 있었다는 것 또한 사실이다. 모두들 이유를 물었다. 최고의 위치에 있을 때 페는 송두리째 버린 것이다.

정점에 있을 때 그 일을 박차고 나올 수 있는 사람은 흔치 않다고 사람들은 이야기한다. 최고를 쥐었는데, 그것을 버릴 수 있는 사람은 아직도 더 발전할 가능성을 가지고 있는 사람이라고들 했다.

페는 대학과 기업에서 제의한 일자리를 계속 거절했다. 아직은 일자리에 대해 흥미를 느끼지 못하는 걸지도 모른다.

페는 책을 쓰고 싶어 했다. 물리학 책 말이다. 개성이 있고 뭔가 좀 색다른 책을 쓰고 싶어 했다. 페는 소설 같은 물리학 책을 쓰겠다고 했다. 우주의 모든 움직임을 담고 있는, 그러니까 우주 각각의 부분을 구성하고 있는 구성 원리에 대해 설명할 수 있는 그런 책을 쓰고 싶다는 것이었다.

본문 180쪽에서

① 발전할 가능성이 적다.
② 능력이 있는 소설가이다.
③ 물리학계에서 페를 싫어한다.
④ 쉬운 물리학 책을 쓰고 싶어 한다.
⑤ 다른 대학이나 기업에 가려는 마음이 있다.

지구촌 아름다운 거래 탐구생활

한수정 글 | 송하완 그림 | 파란자전거

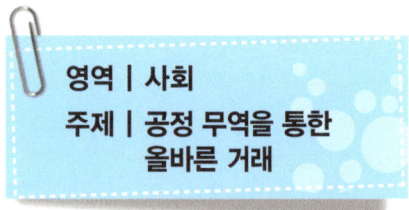

영역 | 사회
주제 | 공정 무역을 통한 올바른 거래

1. 공정 무역이 생긴 배경에 대해 알 수 있다.
2. 시장 경제를 알고 가치 있는 소비를 할 수 있다.
3. 생활 속에서 구할 수 있는 공정 무역 품목을 알 수 있다.

줄거리

하루에 16시간을 일해도 나아지지 않는 삶. 농사를 지을수록 가난해지고 아이들까지 일터로 내몰리고, 기초적인 항생제도 없어 조금만 다쳐도 목숨이 위태롭기까지 하다. 과연 이대로 괜찮을까? 아프리카의 국가들과 일부 저개발 국가의 이러한 문제를 알고 새로운 방식으로 고쳐 나가고자 노력하는 사람들이 있다. 저개발 국가의 농민과 노동자들이 잘 살도록 돕고 서로 협력하는 무역이 태동한 배경이다. 〈지구촌 아름다운 거래 탐구 생활〉은 이러한 공정 무역의 역사와 기본 원칙 그리고 우리 생활 가까이에 있는 공정 무역 물품들에 대한 내용을 다루고 있다.

도서 선정 이유

우리가 자연스럽게 소비하고 있는 상품 가운데는 값싼 노동력과 불공정한 무역 구조를 통해 이루어진 상품들이 많다. 이 책은 이익 위주의 무역과 달리 저개발 국가의 국민들을 배려하는 공정 무역에 대한 정의와 필요성을 알려 주고 어떤 소비가 가치 있는 소비인지를 생각하게 한다. 더 나아가 무역을 할 때도 현재의 자신만이 아닌 지구 반대편에 사는 다른 이들의 삶과 꿈에 대해 고민해야 한다는 의미를 담고 있다.

1 하나의 완성품이 나올 때까지의 작업 과정을 뜻하는 '공정(工程)'과 공평하고 올바르다는 뜻의 '공정(公正)'은 동음이의어(같은 단어지만 다른 뜻)랍니다. 그렇다면 '공정 무역'에 해당하는 단어의 뜻은 어떤 것인지 선택하고, 두 가지의 뜻에 맞는 짧은 글을 지어 보세요.

공정(工程):
_____

공정(公正):
_____

2 다음 설명을 보고 보기에서 알맞은 단어를 찾아 써 보세요.

> 보기
> 윤리   이윤   선급금   수탈   원조   기득권
> 수매   투명성   문명   다국적 기업   단가   상표

(1) 기업의 전체 수입에서 그 돈을 벌기 위해 쓴 모든 비용을 제하고 남은 돈. _____

(2) 사람으로서 마땅히 지키거나 행해야 할 도리나 규범. _____

(3) 사회의 기술적, 물질적인 발전에 의해 이루어진 결과물. _____

(4) 재물을 강제로 빼앗음. _____

(5) 물질적으로 도와줌. _____

(6) 사업자가 자신의 상품을 다른 상품과 구별하거나 고유성을 나타내기 위해서 사용하는 기호나 문자, 도형 등의 표식. _____

(7) 미리 값을 치러 주는 돈. _____

(8) 특정한 자연인이나 법인(法人)이 정당한 절차를 밟아 이미 획득한 법률상의 권리. _____

(9) 사실이나 생각 등에 의심받을 만한 점이 없이 모두 알려져 있는 성질. _____

(10) 여러 나라에 제조 공장과 판매 회사를 가지고 세계적인 범위와 규모로 영업을 하는 대기업. _____

1 저개발 국가 농민과 노동자들이 잘살도록 돕고 서로 협력하는 무역을 무엇이라고 하나요?

2 선진국과 후진국의 빈부 격차가 너무 벌어진 문제를 무슨 문제라고 하나요?

3 다음 설명하는 내용과 단어를 알맞게 짝지어 보세요.

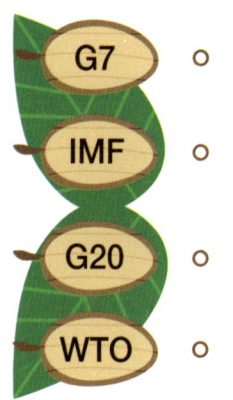

- G7 ○   ○ '세계 무역 기구'라 불리며 세계 경제를 감시하고 질서를 잡는 곳
- IMF ○   ○ 세계 경제의 중요한 일들을 의논하고 결정하기 위해 서방 선진국 7개국이 모여 만든 국제기구
- G20 ○   ○ 1999년 세계 주요 20개국의 정상 등이 세계의 경제 문제를 다루기 위해 만든 기구
- WTO ○   ○ '국제 통화 기금'이라 불리며 개발 도상국의 경제 정책을 좌지우지하는 기구

4 니카라과가 미국에 수출할 수 있는 농산물은 무엇이었나요?

5 '자유 무역'과 달리 '공정 무역'이 갖는 가장 큰 장점과 효과는 무엇인가요?

6 중간 상인들이 하는 말이 참인지 거짓인지 금방 가릴 수 없을 때 공정 무역은 어떻게 했나요?

7 사탕수수 막대기로 할 수 있는 것은 별로 없지만 설탕이 필요한 곳은 정말 많아요. 경제학에서 사탕수수와 같은 1차 제품이 설탕과 같은 2차 제품으로 변할 때 생기는 가치를 무엇이라고 하나요?

8 수확과 동시에 수출 컨테이너에 실어 약품 처리도 해야 하며, 수입한 나라에서는 냉장 시설 창고에 보관해야 하는 등, 특별한 환경이 필요하여 유통하기 까다로운 농작물은 무엇인가요?

9 수천 년 동안 인도에서 '하얀 황금'이라 불리며 농민들이 살아갈 기반을 마련해 준 농작물은 무엇인가요?

10 5월 둘째 주 토요일은 무슨 날일까요?

1 공정 무역은 농민들의 안정적인 수입, 학교나 병원 건축, 공동 우물 조성 등 긍정적인 기능이 많아요. 하지만 공정 무역을 시행할 때 잘 생각해 봐야 할 문제는 무엇인지 써 보세요.

> 공정 무역에 오랫동안 헌신해 온 사람들 덕분으로 공정 무역은 점점 발전해 왔어요. 시민 단체의 참여도 늘어나고 일반 시민들의 호응도 점차 좋아졌어요. 그러자 일반 기업들도 공정 무역에 관심을 갖기 시작했어요. 공정 무역에 참여하면 기업의 이미지가 좋아지기 때문이에요. 그러나 공정 무역이 아닌데도 공정 무역처럼 포장하는 사람들도 생겨났어요.
>
> 본문 108쪽에서

2 니카라과와 미국 사이에서 일어난 부정한 일들로 인해 공정 무역의 한계점을 추론해 보고, 선진국의 소비자들은 이러한 문제점에 어떻게 대응했을지 써 보세요.

> 중앙아메리카에 있는 니카라과는 커피 농사를 많이 짓는 나라예요. 그런데 이 나라에서 미국을 반대하는 정치 세력이 정권을 잡으면서 미국이 단단히 화가 나는 일이 일어났어요. 그래서 그 나라에서 수출하는 모든 품목을 미국 내로 들여오는 것을 막는 '경제 봉쇄'가 일어났지요. 당시 니카라과에서 수출하고 있던 농산물은 커피였는데 판매처를 잃은 니카라과 커피 농장은 밥을 굶는 사람이 생기기 시작했어요.
>
> 본문 68~69쪽에서

3 공정 무역에서는 '지속 가능한 개발'로 논쟁하고 있어요. 바로 케냐의 꽃과 볼리비아의 퀴노아라는 작물 관련 논쟁이 그 사례예요. 공정 무역은 무엇을 중시하며 지속 가능한 개발은 왜 이루어져야 할까요?

> 케냐의 아름다운 꽃은 영국 사람들이 참 좋아해요. 그것도 공정 무역으로 거래하니 케냐의 농부들에겐 고마운 수입원이에요. 그런데 수출이 잘 되자 이 꽃을 키우느라 물을 너무 많이 사용해, 인근 지역의 물을 끌어다 사용하는 경우가 생겼어요. 또 꽃은 비행기로 수출하다 보니 석유를 너무 많이 쓰는 것이 아니냐, 차라리 영국과 가까운 네덜란드에서 수입하는 게 낫지 않겠느냐고 주장하는 사람들도 생겨났어요.
>
> (중략)
>
> 퀴노아는 남미의 볼리비아 고산에 살던 사람들이 먹던 주식이요. 우리나라에도 웰빙 바람이 불었듯이 유럽에도 이 식품이 "기적의 음식"으로 알려지면서 인기가 폭발했어요. 당연히 볼리비아 사람들은 퀴노아를 많이 재배해 수출하기 시작했어요. 그러나 많은 사람이 너도나도 퀴노아를 재배하면서 지역 경제는 퀴노아에 의존하게 되고 정작 본인들은 퀴노아를 수출하느라 값싼 음식을 먹게 됐어요.
>
> 본문 140쪽, 142쪽에서

공정 무역이 중시하는 것 :

지속 가능한 개발의 필요성 :

4 생명 과학의 발달로 선진국에선 식물의 유전자를 쉽게 변형할 수 있어요. 유전자 변형 농산물(GMO)은 수량 증대, 품질 향상 등의 장점은 있으나, 아직 안전하다는 결론이 나지 않은 상태예요. 정부는 소비자를 위해서 어떤 정보를 제공하고 있을까요?

책을 내 것으로 만드는 아이들

1 요즘에는 다양한 광고가 나오고 있답니다. 커피 광고를 볼 때 어떤 점을 중시해야 하는지 여러분의 생각을 써 보세요.

> 이러한 변화는 '좋은 품질의 커피를 공정한 가격에 구입'하는 것이 결국 더 좋은 품질의 커피를 얻을 수 있다는 생각에서 출발한 거예요. 그러자 미국 같은 나라에서는 커피 광고의 내용도 바뀌었어요. 얼마 전까지만 해도 미국도 우리나라에서처럼 원빈 아저씨 같은 멋진 배우들이 나와 커피 광고를 했어요. 그러나 요즈음은 검게 그을린 커피 농부들이 정직하게 땀 흘리는 얼굴이 광고에 등장하죠. 심지어 커피 포장지에 사진을 싣기도 한답니다.
>
> 본문 167~168쪽에서

2 책에 나온 '공정 무역 소녀'를 기억하나요? 이 소녀처럼 공정 무역을 위해 우리가 할 수 있는 일에는 무엇이 있는지 써 보세요.

> 광주의 한 여고생은 소비자 운동의 중요성을 느끼고, 인근의 큰 대형 할인 매장에서 공정 무역 커피와 초콜릿을 살 수 없는지 항의하며 마트에서도 공정 무역 물품을 살 수 있도록 설득하기 위해 전화를 했어요. 이 일로 단 15일 만에 그 큰 대형 유통점에 공정 무역 초콜릿이 진열되었답니다.
>
> 본문 182~184쪽에서

3 아래와 같은 사례를 다른 분야에 적용한다면 어떤 분야나 활동에 적용할 수 있을까요?

> 이곳에는 2003년까지 사탕수수를 납품할 가공 공장이 인근에 딱 한 곳밖에 없었어요. (중략) 그러니 거래 조건이 안 좋더라도 가까이 있는 곳과 거래를 할 수밖에 없게 돼요. 그러다 보니 가격을 결정하는 것은 늘 공장 쪽이에요.
>
> 공장이 쉽게 가격을 올려 주지 않자 협동조합은 사탕수수를 납품하지 않기로 결정했어요. 그러면 결국 공장은 문을 닫아야 해요. 이 일은 제법 싱겁게 끝이 났어요. 불과 2주일 만에 가공 공장은 기존 가격보다 30% 높은 가격에 사탕수수를 사겠다고 항복했어요.
>
> 본문 89, 92쪽에서

4 한국에서도 공정 무역을 위해 힘쓰는 단체가 있습니다. 책의 내용과 신문기사를 중심으로 친구에게 공정 무역을 소개하는 글을 써 보세요.

> 한국에서는 2002년, 재활용 자선 가게인 '아름다운 가게'가 국내 최초로 수공예품을 수입하면서 공정 무역 사업을 시작했고, 커피 등으로 품목을 넓혀 갔어요. 이 일이 커지자 2014년에 재단 법인을 만들어 '아름다운 커피'를 설립했고, 현재는 우리나라 공정 무역을 대표하는 단체로 성장하고 있어요.
>
> 본문 96~97쪽에서

아름다운 커피 – 공정 무역 프로젝트

공정 무역 커피 가게 '아름다운 커피'는 공정 무역을 통해 들여온 커피를 판매한다. 2005년 국내 처음으로 네팔 유기농 커피인 '히말라야의 선물', 남아메리카의 '안데스의 선물', 2017년에는 우간다의 '킬리만자로의 선물'도 판매하기 시작했다. 커피 사업을 통한 수익금은 다시 생산지의 학생들에게 전달해 배움의 기회를 제공하고, 산간 오지 농부 차량 지원, 커피 묘목 보급 사업, 학교 건축 및 도서관 만들기 프로젝트 등을 진행한다. (2021년 신문 기사 종합)

1 다음 중 글을 제대로 이해하지 못한 친구는?

> 공정 무역은 단지 농산물을 제값에 구입해 주는 일만 하지 않아요. 농민들이 조합을 만들어 자신들의 목소리를 낼 수 있도록 돕고, 기술 교육 등을 통해 스스로 문제를 해결할 힘을 길러줘요. 그렇게 가난한 나라의 농부와 노동자에게 자립할 기회를 제공해요.
>
> 그리고 공정 무역은 가난한 나라의 농산물을 무조건 싸게만 사려고 하는 다국적 기업의 횡포를 막고, 농민들이 일한 만큼 잘살 수 있도록 불공정한 무역 구조를 조금씩이나마 고쳐 나가요.
>
> 또한 친환경 농사법을 권장해서 지구 환경을 보호해요. 농약과 화학 비료를 쓰지 않는 지구가 덜 아프겠죠. 또 그렇게 생각된 친환경 농산물을 먹는 소비자, 우리의 건강도 훨씬 좋아진답니다.
>
> 본문 105쪽에서

① 짱아: 친구 생일을 맞이하여 공원에서 열린 플리 마켓에서 선물을 사서 주었어.
② 짱구: 인터넷 쇼핑몰에서 쇼핑할 때 공정 무역 인증 마크를 확인하고 주문을 했어.
③ 맹구: 엄마랑 같이 유기농 마트에서 두부를 사서 두부무침을 해 먹었더니 더 맛있었어.
④ 철수: 우리 삼촌은 벼농사를 하시는데 오리를 이용해 해충을 없애고 잡초를 제거하고 있어.
⑤ 유리: 얼마 전에 아프리카 농부가 선전하는 커피 광고를 보고 주문해서 부모님께 선물해 드렸어.

2 아래 글의 제목으로 적절한 것은?

> 자연재해를 당하면 가장 힘들고 고통 받는 사람은 그 사회의 '약자들'이에요. 어린이, 여성이 무척 힘들게 됩니다. 안전한 식수와 음식, 의약품 등이 부족한 상황에서 어린이들은 병에 걸리기 쉽죠. 집과 밭이 다 파괴된 곳에서 다시 일어서려면 얼마큼의 시간이 걸릴까요. 아름다운 커피는 피해를 입은 농부들이 자신감을 찾고 농사를 다시 지을 수 있도록 여러 방면에서 돕고 있답니다. 조금만 지나면 히말라야에서 재배된 맛있는 커피를 다시 먹을 수 있고, 그러면 히말라야 아이들의 얼굴에도 다시 웃음꽃이 피어날 거예요.
>
> 본문 145쪽에서

① 자연재해 ② 사회의 약자들 ③ 아름다운 커피
④ 히말라야 아이들의 웃음꽃 ⑤ 자연 재해와 아름다운 커피

3 다음 글을 근거로 주장하기 어려운 것은?

> 1000원짜리 초콜릿을 만들려면 누가 가장 고생을 할까요. 바로 초콜릿의 원료인 카카오를 재배하는 농부들이에요. 그렇다면 우리가 낸 1000원 중에서 농부들에겐 과연 얼마나 돌아갈까요? 그게 단돈 70원이랍니다. 초콜릿을 진열해서 파는 마트가 280원을 벌고 초콜릿을 만드는 기업에서 410원을 버는데도, 농부는 겨우 70원만 받아 가지요. 이런 불공정한 거래 때문에 오늘도 저개발 국가의 카카오 농민들은 가난에서 벗어나지 못하고 있어요.
>
> 본문 157쪽에서

① 이런 문제점이 현대 자본주의의 단점 중의 하나이다.
② 카카오 농민들을 도울 수 있는 방법을 생각해야 한다.
③ 관련된 일이라고 해도 기업이 가장 많은 돈을 가져간다.
④ 카카오 농민들의 노동량과 수익은 비례 관계에 놓여 있다.
⑤ 불공정한 구조로 인해 농부들은 빈부 격차를 줄이기 힘들다.

4 ㉠의 근거로 적절한 문장은?

> 공정 무역 인증 제도를 먼저 도입한 ㉠ <u>영국이나 유럽의 나라들을 보면, 그 나라 대기업의 참여를 잘 이끌어 내고 저개발 국가 생산자들과 활발히 거래할 수 있도록 열심히 돕고 있어요.</u> 실제로 대기업의 참여도 매년 늘고 있죠. 그렇다면 유럽의 대기업들이 이윤을 포기하면서 이런 일에 울며 겨자 먹기 식으로라도 참여하는 이유는 무엇일까요? 유럽인들은 아프리카 사람들을 노예로 만들고 여러 나라를 식민지로 만들었던 역사를 부끄러워하기 때문이에요. 그래서 아프리카가 저개발과 빈곤의 고통에 시달리는 것에 책임감을 느끼는 거예요.
>
> 본문 103쪽에서

① 공정 무역의 인증 마크를 얻기 위해서이다.
② 장기적으로 소비자들에게 사랑받는 기업이 되기 위해서이다.
③ 대기업이 공정 무역에 더 많이 참여할 길을 열기 위해서이다.
④ 자신들의 부끄러운 역사와 그에 대한 책임을 지기 위해서이다.
⑤ 다양한 공정 무역 물품을 늘려 폭넓은 무역을 하기 위해서이다.

신라에서 온 아이

심상우 지음 | 백대승 그림 | 청어람주니어

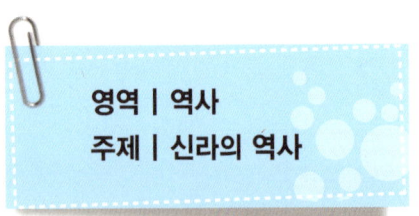

영역 | 역사
주제 | 신라의 역사

1. 세계 문화유산의 도시, 경주를 알 수 있다.
2. 불국사, 석굴암, 황룡사 터, 안압지 등 신라의 문화 유적들을 알 수 있다.
3. 친구 사이의 믿음과 우정 그리고 용기를 배울 수 있다.

줄거리

　편찮으신 어머니의 요양을 위해 조부모님이 살고 있는 경주로 이사 간 정수는 학교 친구 무웅이를 만난다. 정수와 무웅이는 함께 신라로 돌아가서 그 시대를 경험하고 신라의 역사를 익혀 간다.

도서 선정 이유

　이 책은 아이들에게 신라 시대의 역사 유물을 알려 주고 조상의 지혜를 심어 주기에 좋은 책이다. 시대를 거슬러 올라가 여행하면서 아름답고 소중한 역사를 배울 수 있다. 친구 사이에는 믿음, 우정, 용기가 필요하다는 것을 알 수 있다.

1 설명에 맞는 단어를 보기에서 찾아 써 보세요.

> **보기**
>
> 묵념 손사래 구비 신록 기골 성수기 신통 예사

(1) 늦봄이나 초여름에 새로 나온 잎의 연한 초록빛. ( )
(2) 신기할 정도로 묘함. ( )
(3) 보통으로 있는 일. ( )
(4) 물품이나 사업의 수요가 많은 시기. ( )
(5) 구부러진 곳 ( )
(6) 죽은 사람을 추모하기 위해 머리를 숙여 경건한 마음으로 조용히 빎. ( )
(7) 어떤 말을 부인하거나 조용히 하기를 바랄 때 손을 펴서 휘젓는 일 ( )
(8) 건강하고 튼튼한 체격 ( )

2 다음 설명이 맞는 것에는 O, 틀린 것에는 X표를 해 보세요.

(1) 줏대 : 자기의 처지나 생각을 꿋꿋이 지키고 내세우는 기질이나 기풍 ( )
(2) 두루마기 : 우리나라 고유의 속옷 ( )
(3) 중절모 : 숙녀용 모자의 하나 ( )
(4) 시주 : 승려나 절에 돈이나 음식 등을 보시하는 일 ( )
(5) 사경 : 한 해 동안 일한 대가로 주인이 머슴에게 주는 돈이나 물건 ( )
(6) 똬기 : 둥글게 빙빙 틀어 놓은 것 ( )
(7) 가배 : 신라 유리왕 때 한가윗날에 궁중에서 하는 놀이의 하나 ( )
(8) 탑돌이 : 사월 초파일 밤에 소원을 빌며 탑을 도는 사람 ( )
(9) 차일 : 주로 햇볕을 가리기 위하여 치는 장막 ( )
(10) 중천 : 다섯 손가락 가운데 가장 긴 손가락 ( )
(11) 회랑 : 건물의 중요 부분을 둘러싸고 있는 지붕이 달린 복도 ( )

책을 다시 읽는 아이들

1 〈신라에서 온 아이〉의 주인공은 누구 누구입니까?

2 무웅이는 정수에게 진정한 친구가 되기 위해서는 어떻게 해야 한다고 말했나요?

3 지난 시대의 왕릉은 몇 개라고 하지 않고 몇 기라고 합니다. 신라의 왕은 56명이었습니다. 그런데 지금은 모두 몇 기의 왕릉이 있나요?

4 다음 사진의 종 이름이 아닌 것은 무엇인가요?

① 봉덕사종
② 상원사종
③ 에밀레종
④ 성덕대왕신종

5 황룡사 9층 목탑을 세운 목적은 무엇인가요?

6 황룡사 9층 목탑은 한 층 한 층이 나라를 가리킵니다. 각 나라에 해당하는 이름을 [보기]에서 찾아 써 보세요.

> 보기   왜나라   응유   오월   단국   여진   예맥   당나라   말갈   오락

탐라(제주도)	………	
중국	………	
고구려	………	
거란	………	
백제	………	
일본	………	

7 신라 시대 풍속과 제도에 대해서 설명해 보세요.

길쌈놀이	
가배(한가위)	
골품 제도	

1 정수는 신라를 여행했습니다. 여러분이 정수의 입장이 되어 질문에 답해 보세요.

질 문	대 답
정수가 여행한 곳은 신라의 어느 곳인가요?	
신라의 여러 곳을 여행했는데 가장 기억에 남는 곳은 어디인가요?	

2 아래의 지문에서 말하는 세 나라는 어떤 나라인가요?

> "그래, 맞아. 서라벌에서는 숯불을 피워 밥을 해 먹어. 귀족들은 숯가마를 직접 만들어서 쓰고, 백성은 대부분 시장에서 숯을 사서 써. 지금 저 사람은 숯을 배달하는 거야.
> "그렇구나! 저기는 여인들도 짐을 지고 가네."
> "그럼, 서라벌에서는 남녀노소 누구나 다 부지런히 일해. 그래서 세 나라를 하나로 만들어 잘살게 된 거야."
>
>  본문 119~120쪽에서

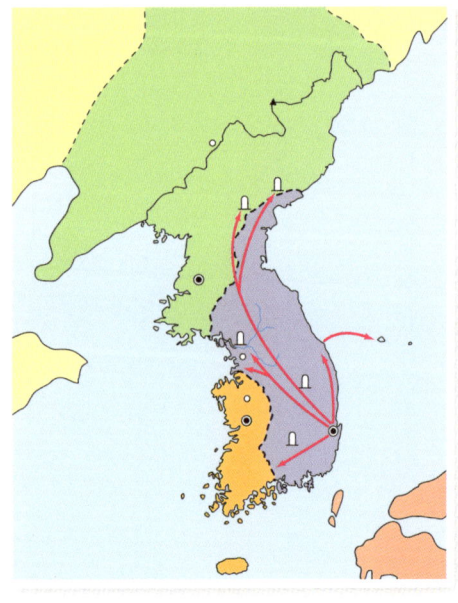

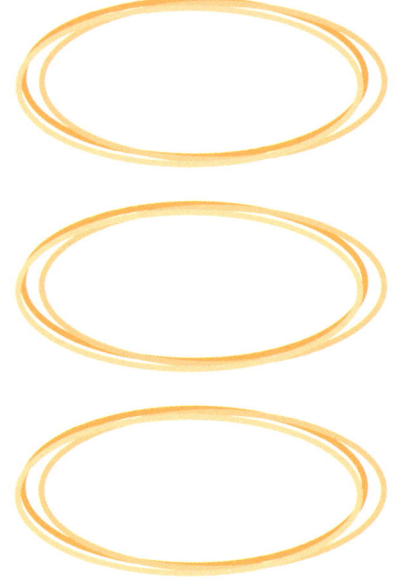

3 무웅이가 정수에게 다음과 같이 말한 이유를 설명해 보세요.

> "네가 나에 대해 궁금한 게 많은 거 아는데…. 나랑 진정한 친구가 될 생각이 아니라면 관심 두지 마라."
>
> 📄 본문 67쪽에서

4 ㉠의 의미는 무엇일까요?

> "이걸 입어. 그래야 거리로 나갈 수 있어."
> "그래? 알았어. 아차! 이 놀라운 광경을 사진 찍어서 엄마한테 보여 드려야지."
> 그러면서 나는 배낭 속에 있는 휴대 전화를 찾았다. 그런데…. 손을 내밀어 휴대 전화를 잡으려 했지만, 손에 잡히지 않았다. 바로 코앞에 있는 휴대 전화가 손을 내밀어 잡으려고 하면 멀어져 갔다. 내가 손을 거두면 휴대 전화는 배낭 속에 얌전하게 들어 있었다.
> "이야, 이거 정말 이상하네!"
> ㉠ "절대 시간 속에서 시간을 가리키는 것은 모두 멀어지게 돼. 그 대신 마음속에서 믿는 것이 현실이 되지."
>
> 📄 본문 112~114쪽에서

1 김대성이 불국사와 석불사를 지어서 보여 주려고 한 것은 무엇인가요?

_____

_____

2 〈신라에서 온 아이〉를 읽고 가장 인상 깊었던 장면을 하나 고르고, 그 장면이 왜 인상 깊은지 이유도 함께 써 보세요.

인상 깊은 장면

_____

이유

_____

_____

3 신라의 역사가 위대한 까닭은 무엇인가요?

4 다음 글을 읽고 "지키기 어려운 약속도 지켜야 하는가?"라는 문제에 대해 자신의 견해를 논술해 보세요.

※ 지키기 어려운 약속의 예 한 문장, 그런 경우에 자신의 의견 한 문장, 그렇게 말하는 이유 한 문장, 마무리하는 한 문장, 총 네 문장으로 써 보세요.

1 할아버지가 요선철릭을 세상에 알리겠다고 한 이유로 적절한 것은?

> "그리고 이 피리를 보니, 신라의 만파식적(萬波息笛)이 생각나는구나. 만파식적은 '거센 물결 잠재우는 젓대'라는 뜻이지. 신라가 삼국을 통일하고 총칼이 아닌 젓대 즉, 피리로 세상을 평화롭게 다스리려는 꿈을 꾸었다는 소중한 이야기가 전해지고 있지. 그리고 요선철릭은 고려 시대 송부개(宋夫介)라는 아이의 옷이, 1997년 해인사에 있는 비로자나 불상 안에서 발견된 것을 빼놓고, 그 이전 것은 없었는데, 정수가 가지고 오다니……. 역시 요선철릭은 신라 시대부터 아이들이 즐겨 입던 옷이란 말이 되겠구나. 할아버지가 이 두 가지 보물을 잘 연구해서 세상에 알려야겠구나!"
>
> 본문 198~199쪽에서

① 신라 시대의 아이들 옷이기 때문이다.
② 고려 시대 때부터 입었던 옷이기 때문이다.
③ 현재는 요선철릭을 찾아볼 수 없기 때문이다.
④ 만파식적과 더불어 중요한 보물이기 때문이다.
⑤ 송부개라는 아이의 옷이 진짜 유명하기 때문이다.

2 김대성이 석불사와 불국사를 지은 이유로 가장 적절한 것은?

> '한낱 짐승의 영혼을 위해 내가 절을 지어 주었는데, 고맙고 소중한 사람의 영혼을 위해서 좋은 일을 하지 않는다면 그게 어찌 사람의 도리를 다한 것이겠는가!'
> 그래서 나는 어머니 아버지를 위해 절을 지었습니다.
> 전생의 어머니(경조 부인)와 아버지를 위해 찬란한 아침 해가 솟아오르는 토함산 동쪽 산마루에 '석불사'를 지었습니다. 그리고 현재의 어머니와 아버지(김문량)를 위해 토함산 서쪽 기슭에 '불국사'를 세웠습니다.
>
> 본문 91쪽에서

① 곰의 영혼을 위해서
② 나라에 기여하기 위해서
③ 부모님을 위한 좋은 일이라고 생각했기 때문에
④ 석불사와 불국사는 사람들의 영혼에 좋은 영향을 미칠 것이기 때문에
⑤ 석불사는 곰을 위해 지었다면 불국사는 부모님을 위해 짓는 것이기 때문에

3 ㉠이 주장이라면 그 이유로서 적절한 것은?

> ㉠ "정수님은 이 절의 주인입니다."
> "예?"
> 나는 스님의 말씀을 듣고 놀라서 여쭈었다.
> "저보고 절의 주인이라고 하시는 것은 무슨 말씀이신지요?"
> "간절하게 다른 사람을 위하는 마음이 있는 분이라면 모두 절의 주인이라는 말씀입니다."
>
> 본문 210~211쪽에서

① 정수가 절을 지었기 때문이다.
② 부처님의 집이라는 말이 곧 절을 의미한다.
③ 스님이 정수가 듣기 좋으라고 해 주는 말이다.
④ 정수는 다른 사람을 위하는 간절한 마음을 가지고 있다.
⑤ 절의 주인은 스님이 아니라 절을 찾는 모든 사람들이다.

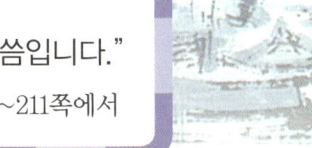

독서만이 가다가 중지해도 간 것만큼 이득이다.

로직아이 샘 〈빨강〉 - 4단계

로직아이 샘 〈파랑〉 - 6단계

로직아이 샘 〈노랑〉 - 6단계

로직아이 샘 〈초록〉 - 6단계

김태옥 교수를 비롯하여 현직 초등학교 교사와 대학교 전공 교·강사, 독서지도사 전문강사, NIE강사, 논술지도 강사 그리고 방과후 학교 교사 등 150여 명의 집필 위원이 아이들에게 실제로 적용하면서 만든 국내 유일의 독서지도만을 위한 교재(YES24, 인터파크, 알라딘 등 인터넷 서점이나 교보문고에서 〈독서지도교재〉를 검색해 보세요.)

(글쓰기와 논술 그리고 토론은 교사를 잘못 만나면 가르치지 않는 것만 못하다. 그러나 독서지도는 엄마가 같이해도 좋고 선생님과 같이해도 좋다. 사랑을 같이한 시간만큼 이득이다.)

로직아이 리딩교육원은 여러분을 **독서지도전문가**의 길로 안내해 드립니다!

작가, 작품을 말하다! 코너에서는 김향이, 소중애, 원유순, 배유안, 이규희, 권영상, 한정기, 임정진, 손연자 선생님 등 동화작가들의 동영상 강의를 로그인만 하면 무료로 보고 들을 수 있습니다!

독서지도사 양성과정

14명의 국내 최고의 전문가들로 이루어진 **독서지도사** 양성과정 **자격증 시험** 실시

글쓰기 교재 〈쓰마〉 해제강의

유치원생과 초등학생을 지도 하시는 학부모와 선생님은 글쓰기 교재 〈쓰마〉 해제 강의를 들을 수 있습니다(편당 2,000원).

(03998) 서울시 마포구 잔다리로 120 (서교동 457-6) 303호
전화 : (02)747-1577 팩스 : (02)747-1599

학부모와 선생님을 위한 **독서논술**

길라잡이

〈로직아이 샘〉과 길라잡이 사용 방법

| 특징 |

1. 〈로직아이 샘〉은 6권의 동화로 구성되어 있으며, 책 1권은 표지 포함 10쪽으로 이루어져 있다.
2. 〈로직아이 샘〉은 독서지도사, 방과후 학교 교사, 글쓰기 논술 학원 교사 그리고 서술식 문제로 출제 평가하는 초등학교 중학교 교사에게 필요한 교재이다.
3. 동화 한 편의 워크북은 90분 수업에 적합하도록 구성했다.
4. 6권의 필독서이므로 한 달 반 또는 세 달 사이에 교재 한 권의 진도를 나갈 수 있다.
5. 한 권의 독서지도 교재에는 5개 영역(문학 언어, 인문 예술, 사회, 역사 인물, 과학 탐구)을 담되, 1권당 문학 언어 영역이 1/2이 넘도록 했다.

각 단계는 각 학년을 기준으로 했다. 즉 단계가 학년을 뜻한다. 그러나 1단계는 유치원, 6단계는 중학교 2학년까지 사용할 만하다. 물론 아이들의 취향이나 선생님의 지도 방법에 따라 선택 지도할 수 있다.

| 각 꼭지 별 내용 |

* 각 작품의 첫 쪽에는 책의 줄거리와 도서 선정 이유를 담고 있다.

'책을 펴는 아이들'은 읽기 전 활동에 해당한다.

'책을 다시 읽는 아이들'은 책을 다 읽은 후에, 책의 내용을 다시 한번 점검하는 활동을 담고 있다.

'책을 깊게 읽는 아이들'은 주제를 심화시키는 활동에 해당한다.

'책을 내 것으로 만드는 아이들'은 독서 내용을 확장하는 활동 꼭지이다.

'아이들을 위한 PSAT와 LEET'는 논리적인 사고를 훈련하는 꼭지다. 이 꼭지는 대학 수학 능력 시험이나 PSAT(공직 적격성 평가)와 LEET(법학 적성 평가) 형식의 문제 유형을 초등학생 버전으로 만든 것이다.

마지막 거인

책을 펴는 아이들(5쪽)

1. [정답]
   ① 육분의 ② 방책 ③ 부식토 ④ 탈진 ⑤ 사바나
   ⑥ 난관 ⑦ 스텝 ⑧ 오성 ⑨ 대상 ⑩ 답파
   ⑪ 회의 ⑫ 호박 ⑬ 지리학자

책을 다시 읽는 아이들(6~7쪽)

1. [정답]
   이상한 그림이 조각되어 있는 커다란 이를 샀는데, 그 그림이 지도라는 사실을 알고 그 궁금증을 풀고 싶어 여행을 계획했다. (10쪽)
2. [정답]
   숲에서 사람의 머리를 잘라가는 와족을 만나 순식간에 모든 사람들이 죽임을 당했다. 주인공은 고사리 넝쿨 덕분에 간신히 목숨을 구할 수가 있었다. (26쪽)
3. [정답]
   돌바닥에서 거인의 발자국을 발견하였다. (30~32쪽)
4. [정답]
   백십여 개의 두개골을 발견하였지만, 몇몇의 두개골에만 모자와 같은 돌들이 올려져 있는 것을 보고 제례 의식의 대상이었을 것이라고 짐작한다. (36쪽)
5. [정답]
   그 선들은 나무, 식물, 동물, 꽃, 강 등의 모습이었다. (44쪽)
6. [정답]
   세이렌 요정의 목소리처럼 들렸다. 복잡하면서도 반복적인 멜로디와 가냘픈 변주, 순수한 떨림으로 천상의 섬세한 울림으로 들렸다. (42쪽)
7. [정답] | 안탈라와 제올
8. [정답]
   과학 단체들은 거칠게 반발하고 탐험가 클럽은 아치볼드 레오폴드 루트모어를 외면하였고, 신문들에서는 '협잡꾼!'이라고 평하는 사람들도 있었다. 그러나 '세기의 발견자!'라 칭하며 긍정적으로 평가하는 사람들도 있었다. (66쪽)
9. [정답]
   여섯 마리의 송아지가 끄는 마차에 실려 나오는 안탈라의 머리를 보았다. (74쪽)

책을 깊게 읽는 아이들(8~9쪽)

1. [예시답]

시련과 상실은 아치볼드가 탐험대를 이끌고 숲에 들어와 온갖 고생을 하고 와족을 만나 대부분의 사람들이 목숨을 잃고 자신은 간신히 살아남은 상황을 의미하고, 회의는 되돌아갈 수도 없고 앞으로 나아간다는 것도 미친 짓이라고 생각한 것(28쪽)과 피로와 추위와 허기에 지쳐 자신의 계획이 무모하다는 생각을 한 것을 의미한다. (30쪽)

[길라잡이]

아치볼드가 거인의 흔적을 발견할 수 있었던 까닭은 죽음의 문턱에서도 끝까지 포기하지 않았기 때문이다. 그것은 신이 자신에게 내린 선물이라고 생각했고 지리학자로서 사명이라고 믿었다.

2. [정답] | 아치볼드

[길라잡이]

거인의 피부에는 그들이 살아온 세월을 읽을 수 있는 모든 정보가 담겨져 있다. 따라서 아치볼드를 만난 것도 그들의 피부에 기록되었을 텐데, 그는 가장 키가 작았고 실크해트를 쓰고 있었기 때문이다.

3. [예시답]

① 거인족들은 과거에 인간들과 접촉했을 것이고 그때 인간들이 특별한 광물(금 등)을 좋아하는 것을 알았을 것 같다.

② 이제 아홉 명 밖에 남지 않은 거인들, 거인 아이가 없는 것으로 미루어 볼 때 과거 인간들과 접촉으로 많은 거인족들이 희생되었을 것이라고 추측할 수 있다.

[길라잡이]

거인족은 중앙아시아 스텝 지역에 대상들이 지나는 길을 알고 있고, 사람들이 호박이나 금 등 희귀 광물을 좋아하는 것을 알고 있으며 거인족이 남녀가 있음에도 아이가 없다는 것은 그전에 인간들과의 관계에서 고통을 당한 적이 있다는 것을 추론해 볼 수 있다.

4. [예시답]

거인의 피부는 세세한 것이 빼곡하게 그려져 있다. 그렇듯이 아치볼드의 수첩 또한 거인들의 생활, 음식, 풍습 등에 관한 모든 기록이 빼곡하게 적혀 있다는 것을 의미한다.

[길라잡이]

아치볼드가 거인족들의 생활 모습과 풍속 등 모든 것을 매우 상세하게 기록하였다는 것을 알 수 있다.

5. [예시답]

㉠의 의미

안탈라의 죽음에 너무 놀랐고 그렇게 된 원인은 자신이 그들의 존재를 밝혔기 때문이라는 것을 순간적으로 깨달았기 때문이다. / 자신 때문에 다른 사람에게 불행이 닥치면 분노와 공포 그리고 고통스러운 것은 당연한 일이고 아무 말도 하고 싶지 않을 것이다.

㉡ 속에 숨은 뜻

'우리의 존재를 세상에 꼭 알렸어야 했니!' / '너 때문에 우리 모두가 세상에 드러났잖니?' / '인간은 항상 자연을 정복의 대상으로 삼는다는 것을 몰랐단 말이니?'

[길라잡이]

과거에는 아프리카 흑인들을 노예로 사고파는 서양 사람들이 있었고, 지금도 코끼리의 상아 때문에 코끼리를 대량 살상하거나 상어의 지느러미가 비싸게 팔린다는 사실을 알고 상어를 남획하는 사람들이 있다. 하물며 희귀한 거인들이 존재한다는 사실은 공명심을 좇는 사람들에게 잡고 싶은 마음을 가지게 했을 것이다.

책을 내 것으로 만드는 아이들(10~11쪽)

1. [예시답]

① 옳은 결정이라고 생각한다. 거인이 아치볼드를 데려다주지 않으면 아치볼드는 죽을 수밖에 없을 것이다. 친한 사람이라면 죽지 않게 하는 것은 당연한 일이다. 단 바깥세상으로 나갈 때는 자신들의 존재를 절대 다른 사람들에게 알리지 않아야 한다는 다짐을 받아야 할 것이다.

② 옳은 결정이 아니라고 생각한다. 아치볼드를 데려다주면 아치볼드로 인해 자신들의 존재가 알려질 것이고 그렇게 되면 목숨의 위협을 받을 것이다. 따라서 그들이 사는 곳 근처에 별도의 거처를 만들어서 지내게 하면 될 것이다.

[길라잡이]

이 문제는 토론 문제이다. 어떤 주장을 하든 자유이지만 자신의 주장에 적절한 근거를 제시해야 한다. 설득력은 적절한 근거 여부에 달려 있기 때문이다. 옳은 결정이라고 주장하는 입장에서는 생명의 소중함을, 옳은 결정이 아니라고 주장하는 입장에서는 거인들의 위험 여부가 문제가 될 것이다. 토론을 더 진행한다면 상대방의 주장과 근거에 대해 반론을 제기하는 것이 필요하다. 이 방식을 도입하면 더욱 심도 있는 토론으로 이어질 수 있다.

2. [예시답]

① 내가 아치볼드라면 거인족에 대한 이야기를 쓰고 출판할 것이다. 새로운 사실을 알았다면 그것을 많은 사람들에게 알리는 것이 좋은 일일 것이기 때문이다. 거인족이 위험해진다면 그것은 나의 문제가 아니라 내 이야기

를 읽은 사람들의 문제라고 할 수 있는데, 그것까지 고려한다면 새로운 이야기를 쓸 수 있는 사람은 거의 없을 것이다.

② 내가 아치볼드라면 거인족에 대한 이야기를 쓸 수는 있어도 출판하지는 않을 것이다. 쓴 것은 나의 기억을 도우려는 것이지만 출판을 한다면 거인족이 위험해질 것이기 때문이다. 나의 지식을 세상 사람들에게 알리지 않는다고 해서 내 지식이 퇴보하는 것은 아니다. 그러나 출판을 한다면 나의 명성은 높아질 수 있으나 그것은 나만의 이기심을 채우는 것에 지나지 않을 것이다.

[길라잡이]

이 문제에 대해 거인족 이야기를 쓰고 출판하겠다고 생각하는 학생도 있을 것이고 거인족 이야기를 쓰지도 않고 출판도 하지 않겠다는 학생도 있을 수 있다. 그리고 이야기를 쓰기는 해도 출판하지는 않겠다고 말할 수 있다. 이 문제에 대해 쓸 때에는 세상 사람들에게 새로운 지식을 알리거나 자신의 명성이 올라가는 것이 중요한지, 거인족의 위험 여부가 중요한지를 생각해야 할 것이다. 그리고 상대방의 주장에 대한 반론까지 쓸 수 있다면 더욱 훌륭한 주장이 될 수 있다.

3. [예시답]

가장 마음에 드는 문장

그들의 피부는 대기의 미세한 변화에도 반응하는 것처럼 보였습니다. 살랑거리는 미풍에도 몸을 떨었고, 금갈색 태양 빛에도 이글거렸으며, 호수의 표면처럼 일렁이다가, 폭풍 속 대양처럼 장엄하고 어두운 색조를 띠기도 했습니다.

이유 : 피부가 자연 환경을 표현한다는 점이 독특하게 다가와서.

[길라잡이]

학생들이 선택한 문장이 어떤 문장이든 상관이 없다. 다만 그 이유가 무엇인지를 듣고 그 적절성 여부를 생각해 볼 필요가 있다.

4. [예시답]

내가 재판관이라면 나는 아치볼드에게 징역 3년을 선고하겠다. 왜냐하면 무죄라고 하기에는 거인들의 죽음이 너무 억울하고 그렇다고 사람을 직접 죽인 것도 아니어서 5년 이상의 무거운 형을 선고할 정도는 아니라고 보기 때문이다. 자신이 직접 알린 것이 아니라 자신의 책을 읽은 사람들이 거인들을 죽인 것이기 때문에 그들을 직접 죽인 사람들이 더 큰 죄를 지었다고 본다.

[길라잡이]

학생들 가운데는 무죄를 주장하는 친구들도 있고 엄벌에 처해야 한다는 주장을 하는 친구들도 있을 수 있다. 그들의 주장보다는 그 이유가 적절한지가 더욱 중요하

다고 할 수 있다.

5. [예시답]

〈마지막 거인〉에 나오는 거인들은 자연과 더불어 살아가고 자연과 동화되어 살아가는 사람들인데 그들을 죽인 사람들은 명성이나 돈 또는 이기심이 그 이유이기 때문에 거인들의 자연 사랑이 돋보인다. 이 책은 인간 중심적인 사람들과 대비하여 자연의 소중함을 중시하는 거인들을 보여 줌으로써 자연의 소중함을 강조한다고 생각한다.

[길라잡이]

학생들은 거인들의 말하는 피부와 세상 사람들과 단절되어 자연과 더불어 살아가는 거인에 대해서도 이야기할 수 있고, 거인들을 자연과 동일시할 수도 있다. 그리고 자연과 더불어 살아가는 거인들을 이기적인 인간들이 죽였다는 사실을 근거로 인간들이 자연의 소중함을 망각했다고 주장할 수도 있다.

6. [예시답]

〈마지막 거인〉에 나오는 마지막 거인들은 현실적으로 아프리카를 상징한다고 생각한다. 그들은 문명 세계와 단절되어 수천 년을 살아왔는데, 백인들이 그들을 노예로 삼기 위해 아프리카를 거의 초토화시켰을 뿐만 아니라 흑인들을 사람으로 대하지 않고 수백 만 명을 죽였기 때문이다.

[길라잡이]

학생들 가운데는 마지막 거인들을 코끼리라고 말할 수도 있고, 아프리카에 사는 흑인들이라고 말할 수도 있고, 인간들에게 노출되지 않은 자연 자체라고 말할 수 있다. 이 경우에 다만 이기심이 많은 인간들이 무엇 때문에 그것들을 죽였는지 또는 훼손했는지를 생각할 필요가 있을 것이다.

아이들을 위한 PSAT와 LEET(12~13쪽)

1. [정답] | ③

[길라잡이]

사실 부합 여부를 묻는 문제이다. 사실 부합 여부를 판단할 때는 단지 제시문에 그 문장이 있는가 없는가만이 아니라 제시문을 근거로 필연적으로 도출할 수 있는 문장들도 사실로 간주해야 한다. 거인들은 말 못하는 피부를 더 가엾게 여겼고 그들의 피부는 대기의 미세한 변화에도 반응하는 것처럼 보였다는 점에서 거인들은 피부로 말을 하고 피부가 환경에 반응다는 사실을 추론할 수 있다. 따라서 ①과 ②는 정답이 아니다. 그리고 제올의 피부에 있는 41개의 헬리 혜성을 근거로 그가 3천 년 이상을 살았다고 말하려면 헬리 혜성이 70-80년 만에 한

번씩 지구에 와야 한다. 그리고 그들이 200년 동안에 겨우 3년 정도만 깨어 있었다면 197년 동안 잠을 잤다고 말할 수 있다. 따라서 ④와 ⑤도 정답이 아니다. 그런데 제시문을 근거로 안탈라와 제올이 간혹 사람들을 만났다는 사실을 추론하기는 어렵다. 따라서 정답은 ③이다.

2. [정답] | ⑤
[길라잡이]
문장의 근거를 묻는 추론 문제이다. 제시문은 화자(話者)가 기절한 후에 깨어나는 장면이라고 할 수 있다. 그것은 '다시 기절'했다는 말을 근거로 알 수 있다. 그렇다면 ㉠의 근거는 그 앞뒤에 있을 것이다. 불안감이 가슴을 조여 온 것은 정신이 혼미해졌기 때문이고 열에 들떠 덜덜 떤 것도 비슷한 이유라고 할 수 있다. 따라서 ①과 ②는 정답이 아니다. 또한 뭔가 내 몸을 공중으로 들어 올렸다고 해도 그 원인을 모른다면 기절할 리가 없다. 따라서 ③도 정답이 아니다. 그곳이 거인들의 나라라는 것은 그 이후의 문제이기 때문에 근거라고 말할 수 없다. 그러므로 ④는 정답이 아니다. 그런데 자신을 문신투성이의 (거인들의 커다란) 얼굴 네 개가 뚫어져라 바라본다면 놀라지 않을 수 없을 것이다. 그래서 다시 기절했다고 보아야 한다. 따라서 정답은 ⑤이다.

3. [정답] | ②
[길라잡이]
이 문제는 적절한 설명 방식을 파악하는 문제이다. 제시문은 '내 책' 9권을 1권부터 9권까지 어떤 책인지를 죽 열거하면서 설명하고 있다. 이 설명 방식은 내용을 분석한 것도 아니고 다른 책들과 비교 또는 대조했다고 말하기도 어렵다. 그렇다고 책들에 대해 묘사한 것도 아니다. 따라서 정답은 ② 열거이다. 비교는 두 대상의 공통점을, 대조는 두 대상의 차이점을 들어 설명하는 방법이다. 여기서는 공통점과 차이점이 아니라 단순한 특징을 말하고 있을 뿐이다. 분석은 하나의 대상을 구성 요소로 나누어 설명하는 방법인데, 여기서는 9권의 책 하나하나를 대상으로 분석했다고 할 수는 없다.

그 외에 문단 전개 방식으로는 "정의 – '무엇은 무엇이다.'의 형식으로 사물의 핵심적인 의미를 밝히는 방법"이 있고, "예시 – 어떤 대상을 구체적인 예를 들어 설명하는 방법"과 "분류 – 사물을 일정한 기준에 따라 나누거나 묶어서 설명하는 방법"이 있으며, "인과 – 어떤 일의 원인과 그 결과를 밝혀 설명하는 방법"이 있고, "인용 – 다른 사람의 말이나 글을 끌어와 설명하는 방법"이 있다. 제시문의 설명 방식은 '분류'했다고 말할 수도 있지만, 자신의 책 9권을 어떤 공통점을 근거로 분류했다기보다는 그 내용을 1권부터 나열했다고 하는 편이 옳다.

나의 라임 오렌지나무

 책을 펴는 아이들(15쪽)

1. [정답]
① 설상가상 ② 노심초사 ③ 백발백중 ④ 경멸
⑤ 조숙 ⑥ 사족

2. [정답]
① 북받치는 ② 뱃속 ③ 엎드렸다 ④ 비곗살 ⑤ 수북이
⑥ 꼬락서니 ⑦ 맺다

 책을 다시 읽는 아이들(16~17쪽)

1. [예시답]
방구 카지노 거리에서 공장 주인이 장난감을 한 트럭 사서 나눠 준다는 이야기를 듣고 루이스를 데려가려고 했다.

2. [예시답]
제제는 또또까 형의 구두닦이 통을 들고 나가 구두닦이를 한 돈으로 담배를 사서 아빠에게 선물하고 용서를 빈다.

3. [예시답]
라임 오렌지 나무로서, 제제가 밍기뉴(기분이 좋으면 '슈르르까'라고 부른다)라고 이름을 붙여 주었는데, 밍기뉴는 제제가 힘들거나 슬프거나 좋은 일이 있을 때 늘 찾아가서 속마음까지 말할 수 있는 좋은 친구이다.

4. [예시답]
학교에서의 제제는 모범생이며, 마음이 따뜻한 아이이다. 공부도 열심히 하고, 글도 잘 써서 선생님께 칭찬을 받으며, 더 열심히 하려고 노력한다. 또 다른 사람의 마음을 헤아려 선생님 꽃병에 꽃을 꽂아 주기도 한다.

5. [정답] | 뽀르뚜가(포르투갈 아저씨)

6. [정답] | 글로리아 누나
[길라잡이]
글로리아 누나는 제제가 힘들고 아플 때마다 도와준다. 제제의 발에 유리 조각이 박혀 아파했을 때, 아빠에게 심한 매를 맞았을 때, 잔디라 누나와 또또까 형에게 맞았을 때 제제의 편이 되어 치료해 주고, 마음을 보듬어 준다.

7. [예시답]
뽀르뚜가는 잦은 매로 마음의 상처를 입고 힘들어 할 때, 제제의 편이 되어 위로해 준다. 제제가 망가라치바에 뛰어들어 죽으려고 한다는 얘기를 듣고 사랑으로 품어 주며, 마음을 누그러뜨린다. 또한 차를 태워 주고 상처로 힘든 제제와 함께 소풍을 갔고, 그곳에서 제제가 행복을 느끼게 해 준다.

8. [예시답]
포르투갈 아저씨가 망가라치바에 치어 죽었다는 이야기를 들었기 때문이다.
9. [예시답]
가족은 제제 옆에서 간호하고, 이웃은 선물을 갖고 찾아와 제제가 낫기를 바라는 기도를 한다.
10. [정답] 밍기뉴가 피운 첫 번째 꽃

책을 깊게 읽는 아이들(18~19쪽)

1. [예시답]
사람마다 제제의 행동을 바라보는 관점이 다르기 때문이다. 제제를 다섯 살 어린아이로 보고 따뜻하게 대해 준 경우도 있고 무조건 제제의 행동을 나쁘게 보고 혼내려고 하는 경우도 있다.
[길라잡이]
가족은 제제의 행동에 대해 올바르게 가르치거나 왜 그랬는지 묻지도 않고 행동만 보고 때리기부터 한다. 그러나 뽀르뚜가, 악보 파는 아저씨, 학교 선생님은 제제의 순수하고 예쁜 마음씨를 먼저 보고 칭찬하고 있다. 뽀르뚜가나 학교 선생님의 인정을 받으며 더 잘하고 싶은 마음을 가진다. 이렇게 자신을 어떻게 대하느냐에 따라 제제는 새끼 악마로 비춰지기도 하고 천사처럼 순수한 아이가 되기도 한다.

2. [예시답]
작은 새, 밍기뉴(라임 오렌지 나무, 슈르르까), 뽀르뚜가, 글로리아 누나는 제제가 힘들 때 힘이 되어 주고, 이야기를 들어 준 인물들이다. 이들은 아직 어린 제제를 있는 그대로 보고, 보살펴 주고, 친구가 되어 주어 아픔을 이겨 내고 성장할 수 있도록 도와주었다.

3. [예시답]
자신을 이해하고 받아 주는 유일한 자기의 편이라고 생각한다. 그래서 그와 함께 있을 때는 천진난만한 아이로 변해 행복해했고, 다섯 살 아이처럼 수다쟁이가 된다. 그런 뽀르뚜가에 대해 편안함과 기쁨의 감정을 느낀다.
[길라잡이]
가족들은 제제가 아빠와 잔디라 누나에게 심한 매를 맞고 누워 있을 때도 자신을 기다릴 뽀르뚜가를 생각하고, 그를 만났을 때 자신을 기다려 준 뽀르뚜가에게 좋은 감정을 느낀다.

4. [예시답]
자신이 깊이 의지하고 있던 뽀르뚜가의 죽음은 다섯 살인 제제에게 온 세상을 잃은 듯한 아픔이었을 것이다. 이제 더 이상 자신을 지켜주고 보호해 줄 사람이 없다는 것을 안 제제는 어른이 될 수 밖에 없었다.

[길라잡이]
친구인 밍기뉴나 자신이 믿고 따랐던 뽀르뚜가가 떠난 세상에서 자신은 홀로인 것처럼 생각한다. 그래서 아빠가 취직해서 좋은 집으로 이사를 간다고 했을 때도 아무런 감흥이 없이 받아들인다.

책을 내 것으로 만드는 아이들(20~21쪽)

1. [예시답]

인물	제제의 마음	이유
아빠	♥♥♡♡♡	제제가 아빠를 위로하려고 부른 노래를 듣고는 매를 때렸으며, 제제를 이해하려고 하거나 이야기하지 않는 모습을 보였기 때문이다.
엄마	♥♥♥♥♡	아빠의 실직으로 늘 공장에서 일하느라 지쳐있지만 제제가 아팠을 때 옆에서 사랑으로 간호해 준다.
글로리아 누나	♥♥♥♥♥	유리 조각이 박혀 가족들에게 혼날까 봐 두려워하는 제제의 마음을 이해하고 도와준다. 아빠와 잔디라 누나가 심한 매를 때렸을 때는 제제의 편이 서서 보호한다.
잔디라 누나	♥♡♡♡♡	제제를 무조건 혼내고 때려야 한다고 생각한다. 제제가 혼자 첫 풍선 접기에 집중하고 있을 때, 자신의 말을 무시한다며 어린 동생을 끔찍하게 때린다.
또또까 형	♥♥♡♡♡	자기 대신 제제에게 싸우게 하고, 잔디라 누나가 때릴 때 옆에서 같이 때리며 제제를 힘들게 했다.
루이스	♥♥♥♥♥	왕자라고 생각하며, 어린 동생과 상상 속 동물원을 만들어 놀아 주고, 크리스마스 선물도 받게 해 주려고 했다.

2. [예시답]
① 저는 제제가 말썽쟁이지만 상상력이 풍부한 아이라고 생각합니다. 또한 마음속의 작은 새를 상상하고, 닭장이 있는 곳을 동물원으로 상상하거나 라임 오렌지 나무랑 이야기 나누는 것을 보면 상상력이 풍부한 아이라고 생각합니다.
② 저는 새끼 악마라고 생각합니다. 낡은 스타킹을 깜깜한 밤에 뱀처럼 보이게 하여 임산부를 놀라게 하기도 하고, 크리스마스 아침에 가난한 아빠가 싫다는 말을 해서 아빠를 슬프게 했다. 또한, 구아 나무 열매를 훔치려고 했기 때문입니다. 이렇게 말썽을 피우며, 가족들을 힘들게 했기 때문에 악마라고 생각합니다.
[길라잡이]
아이들이 제제에 대해 표현할 때 꼭 '저는 새끼 악마라고 생각합니다.' '저는 새끼 악마가 아니라고 생각합니다.'라고만 표현할 필요는 없다. 제제는 자신을 새끼

악마라고 표현하지만 이야기 전체에서 새끼 악마처럼 나쁜 행동을 했다고 볼 수 있는지 생각해 보고 자신이 생각하는 제제에 대해 표현할 수 있도록 하면 된다.

3. [예시답]
1) 아이들은 아직 어려서 많은 경험이 필요하고 배워야 합니다. 작은 실수를 하더라도 잘 타이르고 알려 준다면 얼마든지 배우고 행동할 수 있습니다. 그러니 아이들의 몸과 마음이 건강하게 자랄 수 있도록 사랑을 베풀어야 한다고 생각합니다. / 아이들은 사랑받기 위해 태어났다는 노래 가사처럼 어른들이 아이들을 사랑으로 대한다면 아이들은 자신이 받은 사랑을 베풀 줄 아는 아이로 클 수 있다고 생각합니다.

2) 제가 사랑받고 있다고 느낄 때는 아파서 누워 있을 때입니다. 아파서 누워 있을 때 엄마와 아빠가 옆에서 간호해 주시고, 제가 잘 먹을 수 있도록 맛있는 음식을 해 주실 때 사랑받고 있다고 느껴져 행복합니다. / 저는 엄마가 학원에 가지 않고 친구들과 놀 수 있도록 시간을 줄 때입니다. 너무 지치고 힘들 때 제가 하고 싶은 대로 할 수 있게 시간을 주면 엄마가 저를 이해해 준다고 생각되어 사랑받고 있다고 느낍니다.

3) 어린이들이 철이 들 때는 중요한 결정을 해야 할 때라고 생각합니다. 누구의 선택도 아닌 오로지 자신이 선택해야 할 때 신중히 생각하고 행동해야 하기 때문에 철이 든다고 생각합니다. / 엄마와 아빠가 힘들 때 어른처럼 도와주어야겠다고 생각될 때입니다. 부모님께서 고민이 많은데 저까지 신경쓰게 하면 안될 것 같아 철이 든 것처럼 행동합니다.

[길라잡이]
제시된 내용은 어른이 된 제제가 뽀르뚜가에게 보내는 편지의 일부. 제제는 자신을 있는 그대로 봐주고 무조건적인 사랑을 준 뽀르뚜가에 대한 진한 그리움을 느끼고 있으며, 그에게 받은 사랑을 다른 어린이들에게 베풀고 있음을 알 수 있다. 각 질문을 자신의 경험을 바탕으로 대답할 수 있도록 신중하게 질문하며 이끌어준다.

4. [예시답]
제제가 학교에 늦게 온 친구의 이야기를 듣고 갑자기 교실을 미친 듯이 뛰어나가는 장면이 기억에 남습니다. 오직 뽀르뚜가만 생각하며 뛰는 모습에서 제제의 슬픔을 느꼈습니다.
제제는 뽀르뚜가의 유일한 친구라고 생각했고, 그와 함께 많은 일들을 할 수 있다고 여겼다. 그런 그가 망가라치바에 치어 죽었을지도 모른다는 생각으로 뛰어가는 모습을 보며 가슴이 아팠습니다. 제제의 오열하는 슬픈 모습을 읽어보며 사랑하는 사람을 잃은 제제의 마음이 전해져 안타까웠습니다.

[길라잡이]
책을 읽으며 가장 기억에 남는 장면을 간단히 소개하고 그 장면에서 느낀 자신의 감정을 솔직하게 표현할 수 있도록 이끌어 준다. 친구들이 서로 기억에 남는 장면을 떠올려 이야기 나눌 수 있는 시간을 준다면 쉽게 기억나지 않은 친구들도 생각을 떠올릴 수 있다.

아이들을 위한 PSAT와 LEET(22~23쪽)

1. [정답] | ④
[길라잡이]
제시문은 제제가 유리 조각이 박혀 아픈 발로 학교 가는 것을 뽀르뚜가가 발견하고 병원에 데려온 장면이다. 병원에서 제제는 유리 조각을 제거하는데 아플 것 같은 두려움과 떨림을 느낀다. 그러면서 뽀르뚜가가 어깨를 감싸주자 따뜻함을 느끼며 용기를 낸다. 이 문제의 정답은 ④이다. 슬픔보다는 두려움과 떨림을 용기를 내어 견뎌내는 것을 알 수 있다. ①은 박사가 수술 기구를 잔뜩 들고 나오는 모습을 보며 어떻게 할지, 유리 조각을 뽑을 때 어떨지 알 수 없어 느끼는 기분이라고 볼 수 있다. ②는 '난 떨리기 시작했다.'에서 떨림을 느낄 수 있다. ③은 뽀르뚜가가 두려워 안아줬을 때 따뜻하다고 표현하고 있다. ⑤는 뽀르뚜가가 하는 말을 듣고 눈물이 나도 용기를 내고 있음을 알 수 있다.

2. [정답] | ①
[길라잡이]
이 문제는 표현법을 묻는 문제이다. 제시된 말은 라임 오렌지 나무가 제제에게 하는 말이다. 라임 오렌지 나무는 사람이 아닌데 사람인 것처럼 표현했다. 몸 전체로 이야기하고, 가지랑 뿌리로 이야기하며, 심장이 뛰는 소리가 들릴 것이라고 표현하고 있다. 이런 표현법을 의인법이라고 한다. ② 은유법과 ③ 직유법은 비유적 표현이다. 은유법의 예는 '나는 나룻배, 당신은 행인'처럼 'A는 B다.'처럼 원관념 A를 보조 관념 B로 표현한다. 그리고 직유법은 '사과 같은 내 얼굴'처럼 보조 관념에 '~처럼, ~같이, ~인 듯'을 써서 원관념을 빗대어 표현한다. ④ 반어법은 속마음을 반대로 표현하는 표현법이다. 예를 들어 "엄마, 나 시험 못 봤어." "잘했다~"에서 "잘했다."는 속으로는 시험을 못본 것에 대해 화를 내는 것이지만 겉으로는 반대로 잘했다고 하는 것이다. ⑤ 역설법은 모순으로 이치에 맞지 않은 상황을 말한다. 예를 들어 '소리 없는 아우성'을 들 수 있다. 아우성은 여러 사람이 치는 소리여서 소리가 크게 들릴 텐데 '소리 없는'이라고 표현

해서 모순이다. 그래서 역설이라고 할 수 있다.

3. **[정답]** | ①

   [길라잡이]
   문장의 근거를 찾는 추론 문제이다. 앞뒤 문장을 살펴보면 '매를 맞았다'의 의미를 알 수 있다. ②, ③, ④, ⑤는 제제가 한 행동으로 집안에서 눈치껏 행동하다 보니 실수하게 되고 가르쳐 주는 사람이 없어 집 밖에서 배웠기 때문에 잘못 행동해서 매를 맞는 근거라고 할 수 있다. 또한 가족들은 제제가 사고뭉치라고 생각하고 잘못하면 가족들은 제제에게 욕을 해 댄다. 따라서 제시된 문장에서 욕을 하는 것은 제제가 아니라 제제의 가족들임을 알 수 있다. 그래서 욕을 하는 것은 제제가 매를 맞은 근거가 될 수 없다. 따라서 정답은 ①이다.

4. **[정답]** | ④

   [길라잡이]
   이 문제는 제시문을 통해 일어난 일을 추론하는 문제이다. 제시문에 제시된 내용을 바탕으로 제제가 어떤 행동을 했을지 추론한다. ③, ⑤는 제시문에 나온 내용이므로 추론할 수 있는 사실이 아니다. 그러나 이를 바탕으로 제제가 어떤 행동을 했는지 추론할 수 있다. 제제는 선생님 꽃병이 비어 있는 것이 마음 아파 세르지뉴 집 정원에서 꽃을 꺾어 꽃병에 꽂았음을 알 수 있다. 제시문에서 ①을 추론하기 힘들다. 제제가 마음의 병이 있음을 알 수 있는 근거를 찾을 수 없으므로 ②도 정답이 아니다. 정답은 ④이다. 전체적으로 선생님의 꽃병에 꽃을 꽂았기 때문에 벌어지는 내용이라고 할 수 있다.

5. **[정답]** | ④

   [길라잡이]
   제시문에 어울리는 제목을 고르는 문제이다. 제제는 루이스를 데리고 동물원에 가는데 그곳은 진짜 동물원이 아니다. 암탉이 있는 닭장을 동물원으로, 그곳에 있는 닭들을 원숭이, 사자, 검은 표범이라고 상상한다. 제제는 동생과 상상하며 동물원 놀이도 하고 있어 ④가 제시된 글에 가장 어울리는 제목이다. ①은 동물을 사랑하는 것으로 여길 수 있으나 그 내용은 모두 상상해서 상황을 연출한 것으로 맞지 않는다. ②는 제시문의 내용에 정글에 갔다거나 정글이라고 알 수 있는 내용이 없어 어울리지 않는다. ③은 사라진 표범이 없으므로 답이 아니다. 오히려 검은 표범은 사납게 표현되어 있다. ⑤의 아마존 정글을 알 수 있는 문장이 없다. 따라서 정답하고 거리가 멀다.

봉주르, 뚜르

책을 펴는 아이들(25쪽)

1. **[예시답]**
   좋은 점 – 국토 확장, 이산가족 상봉, 군사력 상승, 유일한 분단국가 없어짐
   불편한 점 – 대화의 어려움, 경제력 약화, 일자리 부족, 문화 차이 극복의 어려움

   [길라잡이]
   이 활동을 통해 우리나라가 현재 휴전 상황인 것을 알려 주고 통일의 참된 의미와 통일 시 좋은 점 불편한 점을 토론해 보는 것도 좋을 것이다. 독일의 통일 예를 들어 주어도 좋을 것이다.

2. **[정답]**

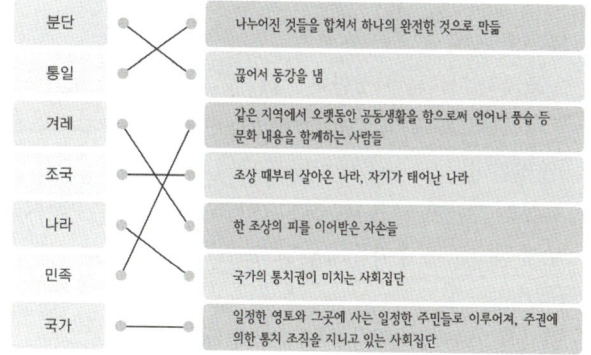

   [길라잡이]
   보통 조국과 민족, 나라와 국가를 같은 의미로 생각하는 친구들이 많으므로 정확한 의미를 알게 해 주는 것이 좋다.

책을 다시 읽는 아이들(26~27쪽)

1. **[정답]** | 우리나라 강이기 때문에
2. **[정답]** | 외국인 흉내를 내는 것 같아서
3. **[정답]** | 일본인인 토시를 이겨야 할 것 같아서
4. **[정답]**
   사람이 살지 않았던 무인도에 글자가 있는 것과 같아서
5. **[정답]** | 일본
6. **[정답]** | 토시가 한 말은 한국어였기 때문이다.
7. **[정답]**
   봉주가 토시네 가게에 다녀간 뒤에 토시는 자신이 어떻게 해야 할지를 생각할 시간이 필요했기 때문이다.
8. **[정답]** | 국적은 일본 조국은 북한
9. **[정답]** | 토시의 삼촌
10. **[정답]** | 카메라

책을 깊게 읽는 아이들(28~29쪽)

1. [예시답]

봉주	적극적이다. 끈기 있다. 용기가 있다. 승부욕이 강하다.
준원	호기심이 많다. 사교적이다.
토시	솔직하다. 애국심이 강하다.
봉주 엄마	여리고 감수성이 많고 논리적인 면도 있다.
듀랑 할아버지	꼼꼼하다. 검소하다.
디디에	활발하다. 밝다.

[길라잡이]
주요 인물들의 성격을 알아보며 이 책의 내용을 더 이해하기 쉽도록 구성해 보는 문제이다. 인물들의 성격을 파악하면서 책을 읽으면 더욱 재밌고 이해하는 정도가 다르며 새로운 흥미가 생길 수 있다.

2. [예시답]
- 조국과 가족을 사랑한다.
- 조국을 그리워하지만 갈 수 없는 마음이 있다.

[길라잡이]
사건의 발단이 되는 낙서이다. 이 낙서의 의미를 생각해 보게 함으로써 흥미를 유발할 수 있다.

3. [예시답]
진정한 친구가 되었다고 생각하기 때문이다.

[길라잡이]
친구가 되자마자 헤어져야 하는 아픔에 대해서 이야기해 보는 것도 좋을 것이다.

4. [예시답]
처음으로 외국에서 한글을 보았을 때
외국에서 한글을 보리라 상상도 못했기 때문이다.
'살아야 한다'라는 글자를 보고
재밌는 일이 벌어질 것 같은 기분이 들었기 때문에.
토시가 공화국 사람이라고 털어 놓았을 때
첩보 이야기가 생각나서. 위험한 일이 아닐까 하는 염려 때문에.

[길라잡이]
가슴이 두근거린 경우를 아는 것도 필요하지만 그 이유를 생각해 보는 것이 중요하다. 그래야 공감할 수 있다.

 ### 책을 내 것으로 만드는 아이들(30~31쪽)

1. [예시답]
- 우리나라 축구 대표팀이 월드컵 경기에서 다른 나라 대표팀을 이겼을 때
- 김연아 선수가 올림픽에서 우승할 때 · 우리나라 연예인에게 다른 나라 팬들이 많을 때
- 우리나라 언어가 있다는 것
- 우리나라 문화유산이 세계 유산으로 지정된 것(석굴암, 불국사, 종묘, 수원 화성, 조선 왕릉)

[길라잡이]
보통 외국에 나가는 대한민국 사람은 자신도 모르게 애국심이 생겨난다고 한다. 이와 관련된 아이들의 생각을 끄집어내고 우리나라의 자랑스러운 문화유산을 이야기하는 것이 좋다. 공부를 많이 한 우수한 인적 자원만으로도 부강한 나라가 될 수 있음을 강조해 준다.

2. [예시답]
- 나에게 잘 대해 주는 친구
- 약속을 잘 지키는 친구
- 비밀을 잘 지키는 친구
- 믿을 수 있는 친구

[길라잡이]
토시와 봉주의 우정을 다시 한번 상기시키고 많이 만나지 않아도 진정한 친구가 될 수 있다는 점을 알려 준다. 또한 진정한 친구가 될 수 있으려면 아이들에게 자신들이 어떻게 해야 하는지도 이야기해 보면 좋을 것이다.

3. [예시답]
- 이제는 국제화 시대가 되었으니, 북한 어린이를 만난다고 해도 친하게 지낼 것이다.
- 약간 떨릴지도 모르지만 우리나라 어린이를 만난 것처럼 반갑게 맞이할 것이다.

[길라잡이]
이 책에 등장하는 봉주와 토시를 생각한다면 아이들도 쉽게 이야기할 수 있을 것이다. 어떤 점에서는 다른 나라 아이들보다 북한 어린이들과 더욱 친하게 지낼 수 있다. 정서도 비슷하고 같은 언어를 사용하기 때문에 말도 잘 통할 것이다. 교사나 학부모는 아이들이 북한 어린이를 만난다고 해도 떨거나 위축될 필요가 없다고 이야기해 줄 필요가 있다.

4. [예시답]
- 북한과 우리나라가 합의점을 잘 찾아 먼저 양쪽 국민들이 자유롭게 왕래할 수 있게 한 이후에 통일이 되었으면 좋겠다.
- 통일이 되면 양쪽 국민들에게 불편한 점이 무엇인지를 먼저 알고 그것을 해소하거나 감수할 수 있도록 교육한 다음에 통일이 되었으면 좋겠다.

[길라잡이]
이 문제는 토의하기에 좋은 문제이다. 아이들 가운데는 통일을 반대하는 아이들도 있을 수 있다. 그런 경우라고 해도 통일을 무조건 반대하지는 않을 것이다.

통일의 모습을 그려 보면서 모두에게 좋은 방법을 생각해 보는 것이 중요하다.

5. [예시답]
- 백두산과 금강산에 올라갈 것이다.
- 내가 나이가 들어 통일이 된다면 남북한 사람들이 잘 어울릴 수 있는 놀이 공원을 만들 것이다.
- 남북한 언어를 통일시켜 새로운 표준어 사전을 만들 것이다.

[길라잡이]
이제는 통일을 생각할 때가 되었기 때문에 어떤 대답이든 가치 있는 일이라면 충분할 것이다.

 아이들을 위한 PSAT와 LEET(32~33쪽)

1. [정답] | ④

[길라잡이]
문장의 근거를 찾는 추론 문제이다. 지문 내용에 정확하게 한글이라고 나와 있기 때문에 답은 ④이다.

2. [정답] | ③

[길라잡이]
지문을 읽고 제목을 붙이는 문제이다. 적절한 제목을 붙이기 위해서는 지문의 핵심을 파악해야 한다. 제목은 전체의 주제를 함축하고 있어야 하고, 지문의 내용을 추측할 수 있는 내용을 담고 있어야 한다. 그래서 지문의 내용을 가장 잘 설명하고 있는 제목을 고르면 된다고도 할 수 있다. 이 글은 봉주가 자신의 행동을 반성하는 글이다. 따라서 토시에 대한 원망보다 나의 죄책감이 가장 적합한 제목이다. ①과 ②에는 과거에 한 일 또는 낙서의 주인과 관련된 이야기이기는 해도 반성이 없고, ④와 ⑤는 지문의 내용과 관계가 없다.

3. [정답] | ④

[길라잡이]
문장의 근거를 찾는 추론 문제이다. ④ 일본 국적을 가지게 된 이유를 설명한 것이다. 지문의 구조는 "난 그래도 공화국 사람이야. 왜냐하면 나는 공화국에서 태어났고, 부모님이 공화국 사람이며, 난 내가 일본인이라고 생각한 적이 한 번도 없고, 네가 프랑스에서 남한 사람이라고 생각하며 사는 것과 똑같기 때문이다."라고 할 수 있다. "부모님이 일본에서 공화국을 위해 일을 해야 했다."고 하는 말은 공화국 사람의 근거로는 부족하다. 다른 나라 사람이라고 해도 우리나라를 위해 일하는 사람이 있다고 해도 그 사람을 우리나라 사람이라고 말할 수 없는 것과 똑같다.

완벽한 가족

 책을 펴는 아이들(35쪽)

1. [예시답] | 남부 유럽

[길라잡이]
스페인은 유럽 서남부 이베리아 반도에 있는 입헌 군주국이다. 수도는 마드리드. 면적은 50만 4,782㎢(남한 면적의 약 5배)에 약 4,000만 명이 산다. 전 인구의 대부분이 가톨릭교인이고 유로화를 사용한다.

2. [예시답]
(1) 행사 전에 모든 준비를 완벽하게 마쳐야 한다.
(2) 그의 유일한 결점은 남을 너무 쉽게 믿는 것이다.
(3) 그의 목소리는 달관한 도인처럼 담담했다.
(4) 적의 동태를 염탐해 장군에게 보고했다.
(5) 어머니께 거짓말을 한 후 죄책감에 사로잡혔다.
(6) 선견지명이 있는 사람은 성공할 가능성이 높다.

책을 다시 읽는 아이들(36~37쪽)

1. [정답] | 라파

2. [정답]
알렉스가 낙제한 데는 그럴 만한 이유가 있다고 보고 알렉스 스스로가 잘 해결해 나가리라고 믿어 준다. (30쪽)

3. [정답]
가족들이 너무나 완벽하다는 데에 짜증을 느끼고 가족들에게도 분명 결점이 있을 것이라 생각하고 그 결점을 찾으려고 미행했다. (40쪽)

4. [정답]
오랫동안 연구하던 것에서 벗어나 다른 것을 해 보고 싶어서 다니던 대학교를 그만둔 것을 가족들에게 알리지 않았기 때문이다. (65쪽)

5. [정답]
케첩처럼 흔들면 금세 고체로서의 성질을 잃고 흐늘흐늘한 액체로 변하는 현상을 연구한다. 과학계에서

9

세계적으로 권위가 있다고 생각한다. (63쪽)

6. [정답]
누나들은 모든 분야에서 최고의 점수를 얻었는데 역사에서 최고 점수 맞는 것이 힘들어지자, 최고를 유지해야 한다는 강박 관념에 사로잡혀 있었기 때문이다. (104쪽)

7. [정답]
엄마는 잡지사에서 일하는데 엄마 세타가 쓴 기사의 집주인이 사진과 몇몇 문장을 트집 잡아 스트레스를 받았다. 그래서 담배를 다시 피우게 됐다. (166쪽)

8. [정답]
알렉스가 하려고 했던 일 : 가족 간의 대화의 자리를 마련하려고 행운의 카스텔라를 만들지만, 실수로 부엌에 불이 난다.
결과 : 이 사건으로 인해 가족은 서로의 고민을 털어놓게 되고 더 이상 완벽함에 연연하지 않게 된다. (152쪽)

9. [정답]
최고 점수를 받는 일이 당연시되는 것이 지겨워졌고, 낙제를 하면 어떤 기분이 들까 궁금했다. (170쪽)

책을 깊게 읽는 아이들(38~39쪽)

1. [예시답]

등장인물	성격과 특징
아버지 페	물리학자. 집중력 있게 연구한다. 정상의 자리에 있을 때 모든 것을 버리고 새로운 도전을 시도한다.
어머니 세타	잡지 기자. 질서가 잡힌 것을 좋아한다. 그림을 잘 그린다.
델리아와 실비아 누나	외모도 예쁘고 머리도 좋아 학교에서 항상 최고 점수를 받는다.
알렉스	다소 실수를 하지만 완벽을 추구하는 가족들을 사랑으로 소통하게 만든다

[길라잡이]
알렉스네 집안은 늘 정돈되어 있고 집 밖으로 큰소리가 나는 일이 없는 완벽한 가정이다.

2. [예시답]

등장인물	성격과 특징
아버지 후안미	올리브를 식당에 납품한다. 유쾌한 성격으로 언제나 성실하게 일한다.
어머니 엔카르나	마음씨가 좋다. 물건 사들이는 것을 좋아하고 집안을 잘 치우지 않는다.
피토 형	체구는 작지만 전교생이 두려워하는 독종이다. 큰 소리로 음악 듣는 걸 좋아한다.
라파	성적도 좋지 않고 엉뚱하다. 단순하다. 좀 지저분하다.

[길라잡이]
라파네 집 식구들은 집안이 어지러워져도 아무도 신경 쓰지 않고 편한 대로 자유롭게 생활한다.

3. [예시답]
'실패한 말로리'는 실패에도 굴하지 않는 불굴의 의지라는 의미라고 말할 수 있다.
[길라잡이]
정상 정복에 실패한 말로리의 열정을 보면서 성공이냐 실패냐 하는 결과보다는 목표를 이루려는 과정에 충실했다는 사실이 중요하다는 것을 말하고 있다.

4. [예시답]
· 항상 더욱 나은 것을 추구하는 자세가 최고라고 생각해야 한다.
· 나이와 상관없이 늘 새로움을 추구하는 도전 정신이 필요하다고 생각해야 한다.
[길라잡이]
고인 물은 썩는다는 말이 있다. 정상에 있다고 안주하기보다는 변화를 두려워하지 않고 도전하는 것이 더 발전할 가능성을 가지고 있음을 알려 준다.

5. [예시답]
자신들의 결점을 감추려 들지 않고 이해와 사랑으로 서로를 격려하면서 지낼 것이다.
[길라잡이]
완벽한 것만이 최고라고 생각하는 가족들은 사실 완벽하지 않았다. 사람들은 실수를 통해서 인간미를 더 느낄 수 있다. 사람들은 실수를 자각하면서 발전하기 마련이다.

책을 내 것으로 만드는 아이들(40~41쪽)

1. [예시답]
· 서명을 위조해서 누나들을 위기에서 구한다.
· 서명을 위조하는 것은 또 다른 잘못을 저지르는 것이므로 사실대로 말하고 용서를 구하라고 한다.
[길라잡이]
누나들의 어려움을 도우려는 생각은 좋다. 하지만 그 방법이 잘못됐다면 바람직하지 않다. 더 큰 잘못으로 이어질 수 있기 때문이다. 잘못을 인정하고 부모님께 용서를 구하는 쪽이 옳다.

2. [예시답 1]
계속해서 끈기를 가지고 도전한다.
[예시답 2]
실패나 실수가 잦다면 어디에 중요한 문제가 있는지 그 원인을 생각해 본다.

[길라잡이]
다시 도전하는 열정이 중요하다. 그래야만 자신의 능력을 확실하게 알 수 있고 성공할 수 있기 때문이다. 하지만 무리한 목표라거나 방법이 잘못되었다면 포기할 줄 아는 용기도 필요하다. 어쩌면 잠시 멈추었다가 시간이 지난 후에 다시 해 보는 것이 더 필요할 수 있다.

3. [예시답]
- 가족 간에 가장 중요한 것은 사랑이다. 서로 결점을 감싸 주고 고민을 털어 놓는 가운데 가족 간의 유대는 더욱 단단해진다.
- 가족 간의 무한한 신뢰는 서로에게 용기를 주고 자신감을 갖게 만든다. 따라서 가족의 역할에서는 가족을 믿는 것이 가장 중요하다.

[길라잡이]
가족 간에는 서로 믿는 것이 가장 중요하다. 서로를 감싸 주는 마음이 사랑하는 마음이라고 할 수 있다.

4. [예시답]
- 하인즈 케첩처럼 한번 정한 것을 고집스럽게 밀고 나가는 것이 좋다. 좋은 것을 끝까지 유지하는 것은 어렵지만 전통은 일관성 있는 고집에서 나온다고 할 수 있다.
- 정상을 지키기 위해서는 코카콜라처럼 소비자의 기호를 좇는 것이 필요하다. 시대의 흐름을 파악하지 못한다면 소비자의 기호를 만족시킬 수 없고 소비자의 기호를 만족시키지 못한다면 정상을 지킬 수 없기 때문이다. 변화가 없다면 원래의 것이 더 좋다는 것조차 알지 못할 것이다.

[길라잡이]
원래의 방법을 계속 고수하느냐, 변화를 통해 전통을 지키느냐 하는 것은 방법이 다를 뿐 정상의 자리를 지키겠다는 의지는 같다고 볼 수 있다. 어떤 쪽의 주장이든 그 근거가 중요하다.

 ## 아이들을 위한 PSAT와 LEET(42~43쪽)

1. [정답] | ⑤
[길라잡이]
이 책의 제목이기도 한 '완벽'에 대한 의견을 묻는 부분이다. 과연 완벽은 무엇인가. 지문은 완벽 또는 승리보다 중요한 것이 있다고 말하고 있다. 완벽보다 더 중요한 것이 있다고 한 문장 뒤에 있는 것들은 그에 대한 사례라고 할 수 있다. 사례들은 핵심이 아니다. 따라서 정답은 ⑤이다.

2. [정답] | ④
[길라잡이]
지문을 읽고 제목을 붙이는 문제이다. 제목은 주제를 함축하고 있어야 하고, 지문의 내용을 추측할 수 있어야 한다. 이 글은 실패한 말로리의 예를 통해 성공 여부보다는 도전하는 열정 자체를 중시하였기 때문에 말로리가 가장 존경받는 산악인이 되었음을 보여 주고 있다. 따라서 정답은 "가장 존경받는 산악인"이다.
① 지문은 등산의 의미에 대해 말하고 있지 않다. ② 말로리는 정상 정복에 실패했고 힐러리는 성공했다. 그러나 여기서는 말로리에 대해 말하고 있으므로 정답이 아니다. ③ 지문에는 실패의 원인이 열정 때문인지도 모른다고 나와 있지만 이것이 제목이 될 수는 없다. 지문의 내용은 실패보다는 존경받는 산악인에 초점이 맞추어져 있기 때문이다. ④ 지문은 말로리가 가장 존경받는 산악인이라고 말하는 이유를 설명하고 있다. 따라서 이것이 정답이다. ⑤ 힐러리가 정상 등정하는 데 말로리가 그 바탕이 된 것은 맞지만 그것만으로 말로리가 가장 존경받는 산악인인 것은 아니다.

3. [정답] | ④
[길라잡이]
지문의 이해 능력을 파악하는 사실 부합 여부를 묻는 문제이다. 페는 과학계에서 최고의 자리에 있을 때 그 자리를 버리고 나왔다. 최고의 자리를 버릴 수 있는 사람은 발전할 가능성이 있는 사람이라고 본다. 페는 소설 같은 쉬운 물리학 책을 쓰고 싶어서 대학을 그만두었다. 따라서 정답은 ④이다. ① 정상의 자리를 박차고 나오는 사람은 발전할 가능성을 많이 가지고 있는 사람이라고 했다. ② 소설을 쓰고 싶어 할 뿐 소설가는 아니다. ③ 페는 물리학계에서 최고의 자리에 있었다. ⑤ 페는 대학이나 기업에 가려는 마음이 없었다.

지구촌 아름다운 거래 탐구생활

책을 펴는 아이들(45쪽)

1. [예시답]
공정(工程) : 공장 생산품의 불량률을 낮추기 위해서는 모든 공정을 기계화·자동화하는 것이 필요하다.
공정(公正) : 그는 계약 담당자에게 계약이 공정하게 체결되었다는 답변을 받았다.

[길라잡이]
동음이의어(다의어)에 대한 설명을 미리 해 주면 좋다. 아이들이 동음이의어에 대한 기본적인 지식을 가진 후

단어 뜻에 대한 설명과 함께 이를 활용하여 간략한 글쓰기를 할 수 있도록 이끌어 준다.

2. [정답]
   (1) 이윤   (2) 윤리   (3) 문명   (4) 수탈
   (5) 원조   (6) 상표   (7) 선급금   (8) 기득권
   (9) 투명성   (10) 다국적 기업

책을 다시 읽는 아이들(46~47쪽)

1. [정답] | 공정 무역
2. [정답] | 남북문제(46쪽).

   [길라잡이]
   남한과 북한의 문제도 남북문제라고 하지만 여기서는 그것을 뜻하지 않는다. 세계 지도를 보면 선진국은 대부분 북반구에 있고, 가난한 나라는 적도 부근에 몰려 있거나 아프리카처럼 남반구에 몰려 있다. 따라서 잘사는 북쪽과 못사는 남쪽의 갈등 문제를 '남북문제'라고 부르는 것임을 이해시킨다.

3. [정답]

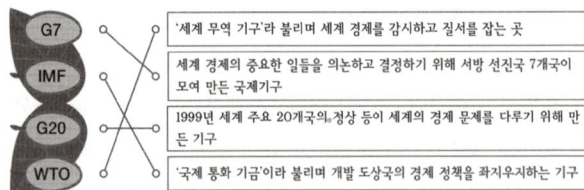

4. [정답] | 커피(50쪽).
5. [정답]
   장점 : 커피 열매 값이 폭락해도 공정 무역으로 거래하는 농부는 크게 피해를 보지 않는다.
   효과 : 가격 폭락에 대한 불안을 가지지 않아도 된다.

   [길라잡이]
   자유 무역과 공정 무역을 비교하여 이해하는 문제이다. 자유 무역은 외국과의 무역에 대해 국가가 아무런 간섭이나 보호를 하지 아니하고 관세도 매기지 아니하며 각 개인 또는 기업의 자유에 맡기는 무역이기 때문에 자유 무역을 선호하면 거래하는 농장에서는 언제 커피 열매 가격이 폭락할지 몰라 늘 불안에 시달리지만 공정 무역을 할 때는 그런 걱정이 사라진다.

6. [정답]
   단체를 만들어 중간 상인을 고용하고 농민의 일을 대신 해 주고 월급을 준다. (87쪽)

   [길라잡이]
   중간 상인은 생산자와 기업을 연결해 주는 장사꾼을 말한다. 이 중간 상인들이 누구를 위해 일하느냐에 따라 농부의 살림살이는 크게 달라질 수 있다.

7. [정답] | 부가 가치 (135쪽).

8. [정답] | 바나나. (179쪽)
9. [정답] | 면화. (185쪽)
10. [정답] | 세계 공정 무역의 날. (193쪽)

책을 깊게 읽는 아이들(48~49쪽)

1. [예시답]
   기업이 공정 무역을 통해 얻은 이익을 생산자들에게 제대로 돌려주지 않는 경우가 있는가? / 공정 무역이 아닌데도 공정 무역처럼 포장해서 이익을 올리려는 사람들이 있는가? / 기업들이 단순히 물건을 많이 팔고 싶어 기업의 이미지를 가꾸는 데에만 관심을 기울이는 것은 아닌가?

   [길라잡이]
   공정 무역의 긍정적인 기능을 언급하는 것도 중요하지만, 일부 기업들이 공정 무역을 한다고 말하지만 실제로는 생산자들을 돕지 못하는 경우가 있음을 알려 준다. 이러한 일을 방지하기 위해 세계 공정 무역 기구는 공정 무역의 원칙을 대화와 투명성, 존중에 바탕을 두고 있다.

2. [예시답]
   공정 무역의 한계점으로는 강대국 위주로 돌아가는 세계의 정치, 경제 구조 하에서는 저개발 국가 생산자의 힘이 너무 약하다는 것이다. 생산국에 문제가 생길 경우에는 선진국의 소비자들은 힘을 합쳐 생산지 이름을 바꾸어 커피를 수입할 수 있고, 자기들 나라에서 스스로 공정 무역 물품을 홍보하고, 우편을 통해 사먹을 수도 있다. (70쪽)

   [길라잡이]
   공정 무역이라고 해도 강대국이 경제 봉쇄를 하면 수출할 수 없고 밥을 굶는 아이들이 생길 수밖에 없다. 이런 경우에 우리를 비롯한 깨어 있는 선진국의 소비자들이 어떻게 대응할 수 있을지에 대한 답을 할 수 있도록 한다. 책의 내용을 토대로 적어도 좋고, 우리라면 공정 무역 상품을 어떻게 수입할지에 대한 생각을 자유롭게 답할 수 있도록 한다.

3. [예시답]
   공정 무역이 중시하는 것 : 공정 무역의 물품을 만들기 위해서는 인간의 생활의 삼대 요소인 의식주 중 식(食)의 권리를 잃어서는 안 된다. / 물건을 만들 때는 먼저 지구 환경을 생각해야 하며, 어느 한 쪽으로 치우치지 않도록 하는 것이 중요하다. / 과유불급이 되지 않도록 해야 한다.
   지속 가능한 개발의 필요성 : 지속 가능한 개발이 이루어져야만 저개발 국가의 농부들이 자립할 수 있다. 미래 세대가 이용할 자연을 손상시키지 않고 필요를 충족시

킬 수 있다.
[길라잡이]
공정 무역이 중시하는 것이 무엇인지 정확히 파악하는 문제이다. 공정 무역은 식량 주권을 지키고 환경을 보호하는 일을 중시하므로 더 좋은 무역을 위해서는 생산지에 지속 가능한 개발의 기틀이 마련되어야 함을 인식시킨다.

4. [예시답]
소비자에게 올바른 구매 정보를 제공하기 위해 콩, 옥수수, 콩나물, 감자(2002년부터)에 대한 GMO 표시를 시행하고 있다. / 유전자 변형 농산물 표시는 푯말·안내 표시판 또는 포장재에 쉽게 알 수 있는 활자체와 크기로 표시한다.
[길라잡이]
유전자 변형 농산물(GMO)은 완전하지 않아 건강에 해로울 수 있고, 값싸게 대량 생산한 농산물로 세계의 농산물 시장을 장악하여 여러 나라의 식량 안보를 위협할 수 있다. 그리고 소화되지 못하고 남아 있는 유전자가 장내 박테리아에 전이되어 변이를 일으킬 수 있다. 유전자 변형 농산물은 수량 증대, 품질 향상 등의 장점은 있으나, 소비자·환경 단체 등을 중심으로 인체 및 환경에 대한 잠재적 위해성 논란도 제기되고 있다. 유전자 변형 농산물에 대한 이해도와 함께 올바른 구매를 위한 해결책을 생각해 볼 필요가 있다. 정부 차원에서의 대책과 함께 개인적인 차원에서도 자유롭게 적을 수 있도록 한다.

🐘 책을 내 것으로 만드는 아이들(50~51쪽)

1. [예시답]
광고는 물건을 사도록 유도하는 것이기 때문에, 멋진 배우를 광고에 활용하여 물건을 많이 팔면 그 이윤의 일부를 커피 농부들에게 돌아가도록 하는 것이 중요하다고 생각한다. 광고하는 물건의 이미지가 배우의 이미지 덕분에 편승 효과가 일어 홍보되면 소비자들이 심리적으로 물건을 많이 사게 된다. / 커피 농부들이 직접 광고하는 것이 더 효과가 있다. 농부들이 품질 향상을 위해 애쓰고 있음이 홍보되며, 생산자가 직접 나와 광고하기 때문에 신뢰가 간다. 독특한 광고로 관심을 끌 수 있고 오히려 빠른 선전 효과가 발생할 수 있다.
[길라잡이]
편승 효과란 대중적으로 유행하는 정보가 선택에 더욱 힘을 실어 주는 효과를 말한다. 이 문제에서는 광고와 공정 무역 상품의 관계를 생각하는 것이 중요하다.

2. [예시답]
부모님이 드시는 커피를 공정 무역 제품으로 바꿉니다. (공정 무역 제품을 삽니다.) / 공정 무역의 참뜻을 배우고 주변에 알린다. / 비영리 공정 무역 단체를 후원한다. / 세계 공정 무역의 날과 물품 홍보 활동에 참여한다.
[길라잡이]
아이들의 답변을 들어 보고, 일상생활에서 할 수 있는 부분을 먼저 적도록 하고, 더 나아가 공정 무역의 날을 알고 공정 무역 물품에 관심을 갖도록 지도해야 한다.

3. [예시답]
친구가 괴롭힘을 당하고 있으면 힘을 합쳐서 도와줄 수 있어요. / 가족과 함께 힘을 모아 주변에 쓰레기를 주었더니 깨끗해졌어요. / 태안 앞바다에 기름이 유출되었을 때 힘을 모아 청소했더니 깨끗해졌어요.
[길라잡이]
힘이 약한 협동조합이 공장을 상대로 힘을 모으고 합심했더니 혼자서는 할 수 없던 일을 해낸 사례임을 아이들에게 설명해 주며, 이와 같은 사례를 생각해 보게 한다. 아무리 어려운 일이라도 힘을 합치면 성공할 수 있는 경우를 생각하게 한다. 이와 관련된 속담으로는 '백지장도 맞 들면 낫다.', '세 사람만 우기면 없는 호랑이도 만들어 낼 수 있다'를 알려줄 수 있다.

4. [예시답]
안녕, 나는 오늘 너에게 공정 무역에 대해 소개하려고 해. 공정 무역은 저개발 국가 농민과 노동자들이 잘살도록 돕는 무역이야. 공정 무역의 흐름이 세계 각지로 전파되면서 한국에서도 2000년대 초반부터 공정 무역 운동에 관심을 가졌어. 우리나라에도 공정 무역을 위한 단체가 있는걸 아니? 우리나라에 있는 '아름다운 가게'는 수공예품만 아니라 커피까지 판매하고 있어. 사업을 통한 수익금은 저개발국가의 학생들에게 배움의 기회를 주고 학교 건축 및 도서관을 설립하는 데 도움이 돼. 앞으로 공정 무역 물품을 이용하도록 우리 같이 노력해 보자.
[길라잡이]
여기서는 공정 무역의 핵심만 언급하면 충분하다. 아이들이 어떤 글을 쓰든 우리나라의 공정 무역 현황을 같이 이야기하면서 마무리하면 무난할 것이다.

아이들을 위한 PSAT와 LEET(52~53쪽)

1. [정답] | ①
[길라잡이]
본문의 내용을 제대로 이해했는지를 묻는 사실 부합 여부의 문제이다. 이 글에서는 '공정 무역'과 '친환경 농사법', '지구 환경 보호', '친환경 농산물'에 대한 이야기가 나온다. ①은 플리 마켓에 대한 이야기를 하고 있기 때문에 제시문을 제대로 이해한 것이 아니다. 따라서 ①이 정답이다. 친구들이 간혹 플리 마켓을 공정 무역과 친환

경 농사법, 지구 환경을 지키는 것이라고 생각하지만 플리 마켓은 안 쓰는 물건을 공원 등에 가지고 나와 매매나 교환 등을 하는 시민운동의 하나로 '벼룩시장'을 의미하는 'flea market'이 어원이다. 벼룩시장이 중고품을 사고파는 곳이기 때문에 '지구 환경 보호'와 관계 있다고 생각할 수 있지만, 어떤 물건인지를 모르기 때문에 정답과는 거리가 있다. 아이들이 공정 무역과 플리 마켓을 혼동하지 않아야 한다. ②는 공정 무역의 마크를 확인하였기 때문에 올바른 이야기이며, ③의 유기농은 화학 비료나 농약을 최소 3년 이상 사용하지 않은 땅에서 퇴비나 유기질 비료만을 이용해 재배하는 방식이므로 친환경 농산물이라고 할 수 있다. 따라서 지문의 내용을 제대로 이해했다고 할 수 있다. ④는 농약이 아닌 오리를 이용하여 해충을 없앴다는 면에서 화학 비료를 쓰지 않고 지구 환경을 보호한다는 취지에 부합한다. ⑤는 커피를 아프리카 농부가 선전하였다는 점에서 다국적 기업의 물품을 이용하지 않고 공정 무역을 통해 커피를 주문했음을 알 수 있다. 따라서 제대로 이해한 내용이라고 할 수 있다.

2. [정답] | ⑤
   [길라잡이]
   제목을 붙이는 문제는 전체의 의미를 일반화하는 문제이자 제시문 전체의 핵심을 파악하는 문제라고 할 수 있다. 제시문은 자연재해를 당하면 사회의 '약자들'이 가장 힘들다. 그래서 '아름다운 커피'가 돕고 있다는 이야기이다. 따라서 전체의 의미는 자연재해와 공정 무역, 즉 아름다운 커피라고 할 수 있다. 따라서 정답은 ⑤이다. ①은 자연재해만 이야기하고 있다. 힘들어하는 이들은 돕는 이야기가 빠져 있으므로 정답과는 거리가 멀다. ②는 사회의 약자들은 돕는 '공정 무역'을 생략하고 있고 ③은 '사회의 약자들'에 대한 언급을 하지 않고 있다. 그러므로 정답과는 거리가 멀다. ④는 피해를 입은 곳을 도운 결과인 '아이들의 웃음꽃'이어서 한쪽 부분만 이야기하는 것이라고 할 수 있다. 따라서 정답은 아니다.

3. [정답] | ④
   [길라잡이]
   제시문을 근거로 결론을 추론하는 문제이다. 제시문은 1,000원짜리 초콜릿을 만들면 마트는 280원, 기업은 410원, 농부는 겨우 70원만 번다. 이것은 모든 문제를 시장에만 맡겨서 해결하는 자본주의의 단점 중 하나라고 할 수 있다. 따라서 ①은 주장할 수 있는 문장이다. 저개발 국가의 카카오 농민들은 가난에서 벗어나지 못하고 있으니 카카오 농민들을 도울 수 있는 방법을 생각해야 한다고 주장할 수 있다. 그러므로 ②는 맞는 말이다. 1,000원짜리 초콜릿을 사면 기업이 410원을 가져가기 때문에 가장 많은 돈을 가져간다. 따라서 ③도 주장할 수 있다. 그러나 카카오 농민들 아무리 열심히 일해도 가난에서 벗어날 수 없다. 따라서 그들의 노동량과 수익이 비례 관계에 놓여 있다고 주장할 수 없다. 그러므로 정답은 ④이다. 또한 농부들은 단돈 70원밖에 얻을 수 없기 때문에 가난에서 벗어나기 힘들다. 따라서 ⑤도 제시문을 근거로 주장할 수 있는 문장이다.

4. [정답] | ④
   [길라잡이]
   앞뒤 문장의 의미를 생각하여 근거를 추론하는 문제이다. 유럽의 대기업들이 울며 겨자 먹기 식으로 참여하는 이유는 여러 나라를 식민지로 만들었던 역사를 부끄러워하기 때문이다. 따라서 정답은 ④이다. '울며 겨자 먹기'라는 속담은 말 그대로 겨자 먹기 싫은데 울면서 억지로 먹는다는 뜻으로 싫은 일을 억지로 한다는 뜻이다. 영국이나 유럽은 공정 무역 인증 제도를 먼저 도입한 나라이기 때문에 공정 무역의 인증 마크를 얻기 위해서는 ①은 정답이 아니다. ②와 ⑤는 기업들이 이익을 얻기 위해서라는 말이지만, 기업의 이익은 공정 무역과는 거리가 멀다. 그리고 활발한 거래로 인해 대기업의 참여도가 매년 늘고 있기 때문에 ③도 정답이 아니다. 유럽인들은 아프리카 사람들을 노예로 만들고 여러 나라를 식민지로 만들었던 역사를 부끄러워하고 아프리카가 저개발과 빈곤의 고통에 시달리는 것에 책임감을 느낀다. 그래서 영국이나 유럽의 나라들은 그 나라 대기업의 참여를 잘 이끌어 내고 저개발 국가 생산자들과 활발히 거래할 수 있도록 열심히 돕고 있다는 뜻이다.

신라에서 온 아이

책을 펴는 아이들(55쪽)

1. [정답]
   (1) 신록 (2) 신통 (3) 예사 (4) 성수기
   (5) 구비 (6) 묵념 (7) 손사래 (8) 기골

2. [정답] |
   (1) O (2) X (3) X (4) O (5) O (6) X
   (7) O (8) X (9) O (10) X (11) O
   [길라잡이]
   자기의 생각을 꿋꿋이 지키고 내세우는 기질이나 기풍을 '줏대'라고 하여 "줏대가 세다"라고 말하기도 한다. 그러나 '두루마기'는 우리나라 고유의 속옷이 아니라 겉옷이다. '중절모'는 숙녀용이 아니라 신사용 모자의 하나이고, '뙈기'는 '똬리'가 아니라 논밭의 면적의 단위를 나타내는 말이다.

'가배'는 신라 유리왕 때 한가윗날에 궁중에서 하는 놀이의 하나가 맞지만, '탑돌이'는 사람이 아니라 사월 초파일에 밤새도록 탑을 돌며 부처의 공덕을 찬미하고 각자의 소원을 비는 **행사**를 말한다. '차일'은 햇볕을 가리기 위하여 치는 장막이다. 그러나 '중천'은 가운데손가락을 뜻하는 '중지'와 달리 하늘의 한복판을 뜻하는 말이다. '회랑'은 지붕이 달린 복도를 뜻한다.

책을 다시 읽는 아이들(56~57쪽)

1. [정답] | 임정수와 김무웅. (17쪽)
2. [정답]
   무웅이는 진정한 친구가 되기 위해서는 비밀을 지켜 줄 수 있어야 하고, 믿음과 용기가 있어야 한다고 말했다.
3. [정답]
   왕이 56명이어서 56기의 왕릉이 있어야 하지만 지금은 25기 정도가 있다. (43쪽)
4. [정답] | ②
   [길라잡이]
   강원도 오대산 상원사에 있는 종은 신라 유물과는 관련이 없다. (49쪽 참조)
5. [정답] | 신라의 주변 나라가 항복할 것이라고 생각했다.
   [길라잡이]
   9층 목탑을 세운 목적은 신라 주변에 있는 아홉 나라가 항복해 올 것이라고 생각했기 때문이다. (126쪽)
6. [정답]

탐라(제주도) - **오락**	중국 - **당나라**
고구려 - **예맥**	거란 - **단국**
백제 - **응유**	일본 - **왜나라**

7. [예시답]

길쌈놀이	길쌈이란 삼베, 모시, 명주, 면 등의 섬유에서 실을 뽑고 이를 가공하여 피륙을 짜기까지의 작업을 말한다. 이런 놀이를 하는 목적은 공동 작업을 통해서 협동심을 기르고, 단조로운 노동을 흥겹게 하여 생산 능률을 향상하는 데 있다. (220쪽)
가배(한가위)	중추절, 가배, 가위, 한가위라고도 부른다. 음력 8월 15일에 추수 성과의 많고 적음을 살펴 이긴 쪽을 축하하고 가무(노래와 무용)를 하며 각종 놀이를 하였는데 이를 가배라 하였다. 가배는 오늘날 한가위 즉 추석이다.
골품제도	신라 시대의 신분 제도이다. 왕족이나 귀족은 '골'이라 한다. 왕족은 성골, 귀족은 진골이다. '품'은 중간 신분의 사람들과 평민을 부르는 말이었다.

[길라잡이]
신라의 풍속과 제도에 대해 아이들이 찾아볼 수 있게 도와준다.

책을 깊게 읽는 아이들(58~59쪽)

1. [예시답]

정수가 여행한 곳은 신라의 어느 곳인가요?	서라벌
신라를 여러 곳을 여행했는데 가장 기억에 남는 곳은 어디인가요?	토함산

[길라잡이]
정수가 여행한 곳은 서라벌이지만, 가장 기억에 남는 곳은 사람마다 다를 것이다. 따라서 여기서는 개인적으로 기억에 남는 장소를 썼다면 그 이유를 들어 보는 것만으로도 충분하다.

2. [정답] | 신라, 고구려, 백제
3. [예시답]
   · 무웅이는 자신이 곰이 환생한 것이라는 사실을 비밀로 하고 싶어 했기 때문이다.
   · 무웅이는 정수와 친구가 되고 싶지만 계속해서 만나기 어렵다고 생각했기 때문이다.
   [길라잡이]
   무웅이가 정수에게 비밀, 용기, 믿음을 강조한 이유를 생각해 보고, 무웅이의 할아버지가 김대성이고 무웅은 곰의 환생임을 생각하면 무난히 답할 수 있을 것이다.

4. [예시답]
   · 과거로 돌아가 여행하고 있으니 시간과 관련되는 것은 전부 거부된다는 의미이다.
   · 신라 시대는 현재에서 볼 때 과거이지만, 직접 신라 시대로 가서 경험할 때는 경험하는 그 순간들이 현실이 된다는 의미이다.
   [길라잡이]
   시점이 바뀔 때마다 시간이 달라지면 상대 시간이라고 할 수 있다. 반면에 절대 시간이라 함은 바뀌지 않는 시간을 의미한다. 따라서 절대 시간 속에서는 시간과 관계되는 것은 무의미하다. 그래서 지문의 의미는 그 당시 마음속으로 믿는 것이 현실이 된다는 의미로 보아야 할 것이다.

책을 내 것으로 만드는 아이들(60~61쪽)

1. [예시답] | 효심을 보여 주려고 했다.
   [길라잡이]
   너무나 고맙고 소중한 사람인 부모님의 영혼을 위해서 좋은 일을 한다고 생각하여 절을 지었다(94쪽).

2. [예시답]

인상 깊은 장면	신라의 서라벌로 돌아가 요선철릭을 입었지만 절대 시간으로 인해 핸드폰을 사용하지 못하는 장면
이유	과거를 돌아간 것이 신기했고 또한 신라 시대에 날개옷이 있었다는 것이 놀라웠다.

[길라잡이]
아이들마다 인상 깊은 장면은 다를 수 있다.

3. [예시답]
신라의 역사가 위대한 이유는 삼국을 통일했기 때문이고 그 당시 귀중한 자료와 유물이 많이 남아 있기 때문이다.

[길라잡이]
경주는 "땅만 파면 유물이 나오는 유적지이다."라는 말이 있을 정도로 도시 전체가 문화유산이다. 신라는 삼국을 통일한 나라이며, 역사적인 유물들은 세계 문화유산으로도 대단히 중요한 가치를 지니고 있다.

4. [길라잡이]
아이들은 먼저 한 약속을 지켜야 한다고 주장하거나 그 약속을 지키지 못해도 할 수 없다고 주장할 텐데 어느 쪽 의견이든 그 근거가 적절한지를 생각해서 말해 주는 것으로 만족해야 한다.

[예시답 1]
문제 : 친구와 만나기로 약속했는데 잊었던 숙제가 생각이 나서 약속 장소에 나갈까 말까를 고민한 적이 있다.
주장 : 지키기 어려운 약속이라고 해도 먼저 한 약속을 지키고 조금 일찍 돌아와 숙제를 하는 것이 옳다.
근거 : 그렇게 해야 다른 사람들에게 신뢰감을 줄 수 있고 나 자신도 떳떳할 것이기 때문이다.
마무리 : 지키기 어려운 약속은 처음부터 약속을 하지 않는 것이 좋고 약속을 했다면 약속한 다른 사람의 입장을 생각하는 것이 좋다.

[예시답 2]
문제 : 친구와 약속을 했는데 할머니께서 돌아가셨다는 연락이 온 경우가 있다.
주장 : 이런 경우에는 약속한 사람에게 빨리 연락하여 약속을 연기하거나 사정 이야기를 해서 양해를 구해야 한다.
근거 : 그렇지 않다면 약속한 사람이 곤란을 겪을 수도 있고 나 자신도 못된 사람 취급을 받을 수 있기 때문이다.
마무리 : 더 중요한 일이 생겼더라도 항상 먼저 한 약속이 소중하다고 생각해야 실수하지 않는다.

 아이들을 위한 PSAT와 LEET(62~63쪽)

1. [정답] | ④
[길라잡이]
주장의 근거를 찾는 추론 문제이다. 신라 시대의 아이들 옷이기 때문이라고 해도 그것만이 정수 할아버지가 요선철릭을 세상에 알리겠다고 말한 이유의 전부라고 할 수 없다. 또한 송부개라는 아이의 옷이 유명하기 때문만도 아니다. 따라서 ①, ⑤는 정답이 아니다. 지문을 보면 요선철릭은 고려 시대 때부터 입었던 옷이 아니다. 그리고 현재에도 요선철릭을 볼 수 있다. 따라서 ②, ③도 정답이 아니다. 요선철릭을 세상에 알리겠다고 한 이유는 만파식적과 더불어 중요한 보물이기 때문이다. 따라서 정답은 ④이다.

2. [정답] | ③
[길라잡이]
이 문제는 김대성이 불국사를 지은 이유를 지문 속에서 찾는 추론 문제이다. 김대성은 곰을 위해 절을 지어주었다면 부모를 위해서도 좋은 일을 해야겠다고 생각했다. 그래서 두 개의 절을 지었다. 전생의 부모를 위해서는 석불사를, 현재의 부모를 위해서는 불국사를 지었다. 이런 맥락에서 볼 때 절을 지은 이유는 곰의 영혼을 위해서라거나 나라에 기여하기 위해서가 아니다. 따라서 ①, ②는 정답이 아니다. 김대성은 단지 절을 지은 이유는 부모를 위한 좋은 일이라고 생각했기 때문이다. 따라서 정답은 ③이다. ④는 지문과는 상관이 없고 ⑤는 곰을 위해 지었다는 부분이 거짓이다.

3. [정답] | ④
[길라잡이]
추론의 근거를 찾는 문제이다. 스님이 한 말의 구조를 다시 한 번 설명하면 다음과 같다. "이 절의 주인은 간절하게 다른 사람을 위하는 마음이 있는 사람이다. 그런데 정수는 다른 사람을 위한 간절한 마음이 있다. 따라서 정수가 이 절의 주인이다."
정수는 어머니의 건강이 좋아지기를 간절히 바라고 있다. 스님은 정수의 그런 간절한 마음을 칭찬하면서, 절은 간절한 마음을 갖고 절을 찾는 사람의 것이라고 말한 것이다. 따라서 정답은 ④이다.